JN437048

종교단체 회계와 경영

Religious Organization Accounting

김근수 저

도서출판 두남

불법복사는 지적재산을 훔치는 범죄행위입니다

저작권법 제97조의 5(권리의 침해죄)에 따라 위반자는 5년 이하의 징역 또는 5천만원 이하의 벌금에 처하거나 이를 병과할 수 있습니다.

머리말 PREFACE

인류의 종교전통과 종교단체는 종교의 가르침과 믿음을 기반으로 역사적으로 형성되어온 인간정신의 산물이며 순수한 비경제적인 것입니다. 하지만 종교전통과 종교단체가 인간의 경제활동 등과 밀접한 관련을 맺어온 것은 역사적인 사실입니다. 특히 근자에 들어 종교지도자와 종교단체의 각종 비리와 탈세 등이 언론에 자주 보도되면서 많은 사람들의 비난과 비판 그리고 우려의 눈길이 보내는 현실을 보면 종교는 인간사회의 법률과 경제생활과 무관할 수 없습니다.

종교인과 종교단체는 분명 우리 사회와 공동체의 구성원입니다. 따라서 우리 사회의 헌법적 선언인 준법정신과 납세의무를 요구하는 것은 필연적입니다. 그러나 종교인이나 종교지도자 그리고 종교단체 등이 역사적으로 그 가르침과 신앙심에 중심을 두다보니 법률적 문제나 납세의무에 대하여 무관심한 경우가 많습니다. 이로 인하여 부지불식간에 탈법이나 탈세를 하는 경우도 발생하고 있습니다. 언론에 보도되는 많은 부정과 비리, 탈법, 탈세 등의 내용을 보면 종교지도자들이 얼마나 법률이나 세금문제에 문외한인지를 알 수 있습니다.

종교인이나 종교지도자 그리고 종교단체들도 조직의 운영, 법률문제, 세금문제 등에 대하여 알아야 합니다. 우리 사회의 공동체를 구성하는 주체이기 때문입니다. 종교단체의 투명한 운영, 합법적인 관리 및 투명한 납세를 통하여 국민의 신뢰를 얻을 뿐만 아니라 소속 종교인들의 존경과 신망을 받을 수 있습니다. 이를 위해서는 신학대학, 불교대학 등 종교지도자를 양성하는 종교관련 대학에서도 종교단체의 세금과 법률 등을 가르쳐야 하며 종교지도자들도 이에 대한 지식을 필수적으로 알아야합니다.

이에 따라 저는 종교와 관련된 회계, 세무 및 법률관계 등의 기초적인 지식과 실무 정보를 제공하기 위하여 조세관련 법률, 행정지침, 질의회신,

판례 등, 종교관련 법률 및 판례 등을 기초로 이 책을 출판하게 되었습니다. 아직 미비한 점이 많으나 앞으로 이 책이 종교인과 종교단체의 관리, 법률 및 조세 문제 등에 대하여 좋은 지침이 될 수 있도록 끊임없이 보완할 것을 약속드립니다.

2016.8.13.
김 근 수

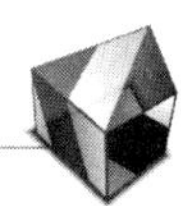

차 례 CONTENTS

제1장 법률과 관리

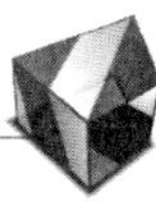

제4장 부동산 세금

제 1 장 법률과 관리

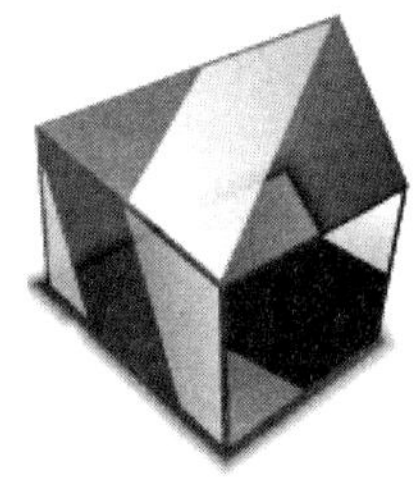

① 법률과 관리

제1절 단체와 법인

1. 단체의 이해

1) 사단과 재단

종교단체의 법적 성격을 알려면 사단과 재단의 의미를 먼저 알아야 한다. 사단(社團, association)은 특정한 목적을 위해 모인 사람의 단체이다. 사람들이 모여 있는 단체이지만 그 구성원들과는 독립의 존재로 인정된다. 사단의 행동은 사단 내에 만든 기관에 의해 행하여지고, 그것이 한 행동의 법률효과는 단체에 귀속한다. 그 구성원은 총회를 통하여 다수결의 원리에 따라 기관을 감독하고 단체의 운영에 참여할 수 있을 뿐이다. 반면 재단은 특정한 목적을 위하여 결합된 재산의 집단을 말한다. 사단이 사람의 단체인 반면 재단은 재산 자체로 구성된 단체이다.

예를 들어 사설 사찰이 아닌 불교 종단에 등록을 마친 사찰은 독자적인 권리능력과 당사자능력을 가진 법인격 없는 사단이나 재단으로 본다(대법원 1996.1.26. 선고 94다45562 판결, 대법원 2005.9.30. 선고 2004다9190 판결 참조).

2) 사단과 법률

(1) 사단의 의의

사단이 법인으로 등기를 한 것이 사단법인이다. 법인으로 등기하지 않은 단체는 법인 아닌 사단, 권리능력 없는 사단, 또는 인격 없는 사단이라고 부른다. 사단법인과 법인 아닌 사단은 등기를 하였는가 여부에 의하여 결정된다. 법인 아닌 사단은 사단법인의 설립은 허가를 받아야 하므로 허가를 받지 못하면 법인 아닌 사단으로 될 수밖에 없다. 또한 사단의 구성원들이 행정관청의 감독과 같은 법적 규제를 회피하려고 하는 경우에 일부러 법인 아닌 사단으로 남기도 한다.

법인으로 등기하지 않은 사단을 만들려면 요건이 필요하다. 즉 어떤 단체가 고유의 목적을 가지고 사단적인 성격을 가지는 규약을 만들어 이에 근거하여 의사결정기관 및 집행기관인 대표자를 두는 등의 조직을 갖추고 있고, 기관의 의결이나 업무집행방법이 다수결의 원칙에 의하여 행하여지며, 구성원의 가입, 탈퇴 등으로 인한 변경에 관계없이 단체 그 자체가 존속되고, 그 조직에 의하여 대표의 방법, 총회나 이사회 등의 운영, 자본의 구성, 재산의 관리 기타 단체로서의 주요사항이 확정되면 비 법인사단으로서의 실체를 가진다.

(2) 사단의 법률

법인 아닌 사단은 법인격은 없으나 사단이라는 점에서는 근본적으로 사단법인과 같으므로, 법인 아닌 사단에 대하여는 법인격을 전제로 하는 규정을 제외하고는 사단법인에 관한 규정이 준용된다. 법원의 태도도 같다. 즉「민법」은 법인 아닌 사단의 법률관계에 관하여 재산의 소유 형태 및 관리 등을 규정하는 제275조 내지 제277조를 두고 있을 뿐이므로, 사단의 실체·성립, 사원자격의 득실, 대표의 방법, 총회의 운영, 해산사유와 같은 그 밖의 법률관계에 관하여는 「민법」의 법인에 관한 규정 중 법인격을 전제로 하는 조항을 제외한 나머지 조항이 원칙적으로 유추 적용된다(대법원 2003.11.14. 선고 2001다32687 판결, 대법원 2006.4.20. 선고 2004다37775 전원합의체 판결 등 참조). 독일과는 달리, 우리나라 「민법」에는 권리능력 없는 사단에 관하여는 「민법」 제275조의 재산의 총유규정만이 있을 뿐, 그 외의 부분에 있어서는 명문의 규정을 두고 있지 않다. 따라서 구체적인 부분에 있어서는 학설과 판례로서 해결하여 왔다. 법인격 없는 사단에 대한 학설의 일반적인 견해는 법인격 없는 사단에 대한 부분은 민법의 법인 편 규정에서 법인격을 전제로 한 규정을 제외한 다른 부분을 전반적으로 준용할 수 있다고 보고 있다.

「부동산등기법」 제30조는 비 법인사단에 속하는 부동산을 그 사단의 이름으로 등기할 수 있도록 규정하고 있고, 「민사소송법」 제48조가 비 법인사단에 당사자능력을 인정하고 있으며, 「국세기본법」 제13조, 「법인세법」 제1조 제2항, 「소득세법」 제1조 제3항, 「특허법」 제4조 등 세법 및 기타 특별법에서 비 법인사단을 법인격 있는 사단과 동등하게 취급하고 있는 경우가 있으나, 이는 조세의 부과와 징수의 편의를 도모한다거나 그 구성원 전원의 이름으로 행하는 불편을 해소하기 위한 일종의 법적 기술로서 사단의 이름으로 등기를 하거나 소송행위를 할 수 있는 권리능력을 제한적으로 부여하고 있을 뿐이고, 일반적으로 법인과 동일하게 실체법상 권리·의무의 주체가 될 수 있는 권리능력을 비 법인 사단에게도 동일하게 허용하는 것은 아니다(대법원 1998.4.23. 선고 95다26476 전원합의체 판결).

3) 재단의 이해

재단은 공익적·사회적 목적을 위하여 출연된 재산('목적재산')이 그 목적을 위하여 통일적으로 관리되는 경우이다. 이는 개인적인 소유가 아니라 그 재단의 소유재산이다. 재단의 관리를 위한 형식적인 주체를 필요로 한다. 이러한 재단은 신탁에 의하는 것, 법인으로 하는 것, 권리능력이 없는 재단으로 관리되는 것 등 3가지 경우로 나뉜다.

2. 비영리 법인

1) 법인의 경영

사람들이 사는 사회의 법률관계는 사람과 사람 사이의 권리와 의무를 다룬다. 법인이란 사람이 아님에도 법률관계의 권리와 의무를 가진 단체를 말한다. 종교 법인이 그것이다.

법인은 법률의 규정에 의하여 설립되어 권리와 의무의 주체가 되는 단체이다. 따라서 법인은 법률의 규정에 의해서만 성립한다(민법 §31).

법인은 법률의 규정에 따라 정관으로 정한 목적의 범위 내에서 권리와 의무의 주체가 된다(민법 §34). 사람은 법률관계의 모든 것이 인정되나 법인은 정관에 목적의 범위 내에서만 법률관계의 주체가 된다는 것이다.

따라서 법인은 이사 기타 대표자가 그 직무에 관하여 타인에게 가한 손해를 법인이 배상할 책임이 있다. 그러나 그 법인의 이사 기타 대표자는 자신으로 인한 손해에 대한 손해배상책임은 여전히 있다(민법 §35 ①). 그러나 법인의 목적범위 외의 행위로 인하여 타인에게 손해를 가한 때에는 그 사항의 의결에 찬성하거나 그 의결을 집행한 사원, 이사 및 기타 대표자가 연대하여 배상한다(민법 §35 ②).

2) 법인의 분류

재단법인은 설립자가 일정한 재산을 출연한 비영리법인이다(민법 §43). 재단법인(財團法人, Foundation)은 사단법인이 사람에 의해 구성된 것과 달리 일정한 목적에 바쳐진 재산에 의해 구성된 법인을 말한다. 설립자가 생전에 재산을 내놓는 경우 그 재산은 법인이 만들어짐과 동시에 법인의 것이 된다. 설립자가 유언에 따라 재산을 내놓아 재단법인을 설립하면 유언의 효력이 발생함과 동시에 재산은 법인의 것이 된다(민법 §48). 재산이 법인의 본체(本體)인 점에서 사람의 집단을 본체로 하는 사단법인과 다르다(민법 §32). 사단법인은 영리 사단법인과 비영리 사단법인이 있으나, 재단법인은 모두 비영리 재단법인이다(민법 §32). 재단법인을 설립하는 데에는 법인의 구성원이 아닌 설립자가 재단의 근본규칙인 정관에 의하여 법인의 조직을 정하고 주무관청의 허가를 얻어야 한다. 법인설립자(재산을 출연한 기부자)의 의사에 의하여 정관에 정해진 대로 운영, 활동하며 의사결정기관을 별도로 갖지 않는다. 즉 재단법인에는 사원은 없으며 따라서 사원총회도 없다. 법인의 운영은 이사가 업무를 집행하고 감사가 이것을 감독한다. 정관은 변경할 수가 없으므로 정관에 의하여 표시된 설립자의 의사는 영구히 법인을 구속하게 된다. 학교법인, 의료법인 등이 대표적인 재단법인의 예이다.

설립행위란 일정한 비영리의 목적을 위하여 재산을 무상으로 출연하고, 그 재산의 관리·운용에 관한 근본규칙을 정하여 재단법인을 설립하는 행위를 말한다. 재단법인의 설립행위는 생전행위(生前行爲)로나 유언(遺言)으로도 할 수가 있는데 유언으로 할 때에는 유언의 방식에 따라야 한다. 이 행위는 상대방이 없는 단독행위이므로 증여 또는 유증과는 성질이 다르다. 그러나 무상으로 재산을 제공하는 점에서 증여나 유증과 비슷하므로 생전행위로써 재단법인의 설립행위를 할 때에는 증여의 규정을 준용하고(공익법인의 설립·운영에 관한 법률 §47), 유언으로 설립행위를 할 때에는 유증의 규정을 준용한다(공익법인의 설립·운영에 관한 법률 §47). 재단법인의 정관은 사단법인의 정관과 같이 목적·사무소의 소재지·자산에 관한 규정 및 이사의 임면에 관한 규정을 기재하여 기명날인해야 한다(공익법인의 설립·운영에 관한 법률 §43). 위의 사항 이외의 규정을 두어도 좋은 것은 사단법인의 정관에서와 마찬가지이다. 상기한 필요적 기재사항은 사원에 관한 규정, 존립 시기나 해산사유를 정한 때의 시기 또는 사유의 규정을 제외한 외에는 사단법인의 정관의 경우와 동일하다(공익법인의 설립·운영에 관한 법률 §43). 다만 그 보충을 인정한 점이 사단법인의 정관과 다르다(공익법인의 설립·운영에 관한 법률 §44).

3) 법인의 설립

(1) 설립의 허가

영리법인은「상법」에 의하여 설립된다. 그러나 영리 아닌 사업이 아닌, 학술, 종교, 자선, 기예, 사교 기타 사업을 목적으로 하는 사단 또는 재단은 주무관청의 허가를 얻어 이를 법인으로 할 수 있다(민법 §32). 종교단체는 법인으로 등기를 하면 비영리법인이 된다. 종교단체는 「민법」 제32조 및 「문화관광부 및 문화재청소관비영리법인의 설립 및 감독에 관한 규칙」 제3조의 규정에 의하여 요건을 갖춘 단체가 신청하는 경우 주무장관이 허가하여 비영리법인으로 설립이 가능하다(조심2010중1041, 2010.7.6.).

(2) 허가의 취소

법인이 목적 이외의 사업을 하거나 설립허가의 조건에 위반하거나 기타 공익을 해하는 행위를 한 때에는 주무관청은 그 허가를 취소할 수 있다(민법 §38).

(3) 설립의 요건

「민법」제32조에 따라 공익법인의 설립허가신청을 받으면 관계사실을 조사하여 재단법인은 출연재산의 수입, 사단법인은 회비·기부금 등으로 조성되는 재원(財源)의 수입으로 목적사업을 원활히 수행할 수 있다고 인정되는 경우에만 설립허가를 한다(공익법인의 설립·운영에 관한 법률 §4 ①)고 규정하고 있다.

(4) 설립이 절차

「민법」 제32조의 규정에 의하여 법인의 설립허가를 받고자하는 자는 법인설립허가신청서(전자문서로 된 신청서를 포함한다)에 다음 서류(전자문서를 포함한다)를 첨부하여 문화관광부장관 또는 문화재청장(권한의 위임이 있는 경우에는 그 위임을 받은 특별시장·광역시장 및 도지사를 말한다.)에게 제출하여야 한다(문화관광부 및 문화재청소관비영리법인의 설립 및 감독에 관한 규칙 §3). 실무적인 설립절차, 요건 및 진행은 관할관청 실무부서를 직접 방문하여 문의하여 진행하여야 한다.

표 1 _ 종교단체 법인설립 신청 부속서류

1. 설립발기인의 성명·주민등록번호·주소 및 약력을 기재한 서류(설립발기인이 법인인 경우에는 그 명칭, 주된 사무소의 소재지, 대표자의 성명·주민등록번호·주소와 정관을 기재한 서류) 1부
2. 정관 1부
3. 재산목록(재단법인에 있어서는 기본재산과 운영재산으로 구분하여 기재하여야 한다) 및 그 입증서류와 출연의 신청이 있는 경우에는 그 사실을 증명하는 서류 각1부
4. 당해 사업연도분의 사업계획 및 수지예산을 기재한 서류 1부
5. 임원 취임예정자의 성명·주민등록번호·주소 및 약력을 기재한 서류와 취임승낙서 각 1부
6. 창립총회회의록 (설립발기인이 법인인 경우에는 법인설립에 관한 의사의 결정을 증명하는 서류) 사본 1부

(5) 설립의 등기

법인은 그 주된 사무소의 소재지에서 설립등기를 함으로써 성립한다(민법 §33).

4) 정관의 관리

(1) 정관의 내용

사단법인과 재단법인의 정관은 다음 사항을 기재한다(민법 §40, §43). 재단법인의 설립자가 그 명칭, 사무소소재지 또는 이사 임면의 방법을 정하지 아니하고 사망한 때에는 이해관계인 또는 검사의 청구에 의하여 법원이 이를 정한다(민법 §44).

표 2_비영리법인의 정관기재사항

사단법인	재단법인
1. 목적 2. 명칭 3. 사무소의 소재지 4. 자산에 관한 규정 5. 이사의 임면에 관한 규정 6. 사원자격의 득실에 관한 규정 7. 존립 시기나 해산사유를 정하는 때에는 그 시기 또는 사유	1. 목적 2. 명칭 3. 사무소의 소재지 4. 자산에 관한 규정 5. 이사의 임면에 관한 규정

(2) 정관의 변경

가. 사단법인의 정관변경

사단법인의 정관은 총 사원 3분의 2 이상의 동의가 있는 때에 한하여 이를 변경할 수 있다. 그러나 정수에 관하여 정관에 다른 규정이 있는 때에는 그 규정에 의한다(민법 §42 ①). 정관의 변경은 주무관청의 허가를 얻지 아니하면 그 효력이 없다(민법 §42 ②).

나. 재단법인의 정관변경

재단법인의 정관은 그 변경방법을 정관에 정한 때에 한하여 변경할 수 있다(민법 §45 ①). 그러나 재단법인의 목적달성 또는 그 재산의 보전을 위하여 적당한 때에는 정관에 변경방법을 정하지 않았다고 하더라도 명칭 또는 사무소의 소재지를 변경할 수 있다(민법 §45 ②). 정관의 변경은 주무관청의 허가를 얻지 아니하면 그 효력이 없다(민법 §45 ③, 민법 §42 ②). 재단법인의 목적을 달성할 수 없는 때에는 설립자나 이사는 주무관청의 허가를 얻어 설립의 취지를 참작하여 그 목적 기타 정관의 규정을 변경할 수 있다(민법 §46).

제2절 사람과 관리

1. 소송 당사자

표 3 _ 종교단체 소송당사자 관련 법인세법시행령

관련 법률
민사소송법 제51조 【당사자능력·소송능력 등에 대한 원칙】 당사자능력, 소송능력, 소송무능력자의 법정대리와 소송행위에 필요한 권한의 수여는 이 법에 특별한 규정이 없으면 민법, 그 밖의 법률에 따른다. (2002.1.26. 개정) **민사소송법 제64조 【법인 등 단체의 대표자의 지위】** 법인의 대표자 또는 제52조의 대표자 또는 관리인에게는 이 법 가운데 법정대리와 법정대리인에 관한 규정을 준용한다. (2002.1.26. 개정) **민사소송법 제87조 【소송대리인의 자격】** 법률에 따라 재판상 행위를 할 수 있는 대리인 외에는 변호사가 아니면 소송대리인이 될 수 없다. (2002.1.26. 개정)

법인 아닌 사단도 소송당사자능력(민사소송법 §52)을 가진다. 소송에 있어 당사자는 매우 중요하다. 당사자를 잘못하면 법원에서 심리하여 당초 결정을 파기할 수 있기 때문이다. 예수교 장로회에 분쟁이 일어 소송이 진행 중에 대법원에서 파기된 사례가 실제로 다음과 같이 있다.

대한예수교장로회(합동)에 있어 교회 치리권은 당회, 노회, 대회, 총회 등의 치리회에 있고, 당회는 지교회의 목사와 치리 장로로 구성되고 원칙적으로 그 지교회의 담임목사가 당회장이 되며, 목사는 위임목사(한 지 교회나 1구역의 청빙으로 노회의 위임을 받은 목사), 무임목사(담임한 시무가 없는 목사로서 노회에서 언권이 있으나 가부 권은 없다), 전도목사(교회 없는 지방에 파견되어 교회를 설립하고 노회의 결의로 그 설립한 교회를 조직하며 성례를 행하고 교회의 부흥 인도도 하는데, 노회의 언권은 있으나 결의권은 없다.)로 구분된다. 기존 교회에 장로가 없게 되어 당회가 없어진 경우, 당회장 권한은 그 후 2년간 유효하나, 그 유예기간 동안에 다시 당회를 구성하지 못한 경우 더 이상 위임목사로서 당회장 권을 행사할 수 없게 되고 현재는 단지 전도목사 또는 무임목사에 불과하다. 따라서 특별한 사정이 없는 한 동 노회의 교회를 대표할 적법한 권한이 없다. 따라서 대표권이 있음을 전제로 하여 한 원심판결에는 결과적으로 피고의 적법한 대표자에 관한 심리를 다하지 아니한 잘못이 있다. 이에 따라 대법원은 원심판결을 파기하고, 사건을 다시 심리·판단하게 하게 한 사건이다(대법원 2009.12.10. 선고 2009다22846 판결).

종교단체 소송의 대표권을 내부적으로 정하는 것은 인정된다. 천태종이 한 사례이다. 대한불교 천태종은 2009년 개최된 정기 종 의회에서 종헌 제87조 제5항을 신설하여 “총무원장은 종단을 당사자 또는 참가인으로 하는 소송 기타 종단 관련 소송에 있어서는 종단을 대표한다.”라고 종헌을 개정하였다. 「헌법」 제20조는 종교의 자유를 보장함과 아울러 정교분리의 원칙을 선언하고 있으므로, 종교의 자유에 속하는 종교적 집회·결사의 자유의 본질상 종교적 집회·결사의 자유를 실현하기 위하여 설립된 종교단체에 대하여는 그 조직과 운영에 관한 자율성이 최대한 보장되도록 하여야 하고, 따라서 종교단체가 그 단체 내부의 조직과 운영 및 규제를 위해 제정한 종헌의 경우에도 그 규율 내용의 자율성이 최대한 보장되어야 한다. 천태종의 조직 및 운영 실태를 보더라도 종정은 종단의 최고지도자로서 종교적 권능을 통하여 대내외적으로 당해 종단의 정체성을 표창하고 신도들의 신앙적 일체감을 지지·통합하는 구심점인 역할을 수행하는 지위에 있는 반면, 총무원장은 종정을 보좌하여 재정, 포교, 교육, 문화사회 사업 등 집행기능을 담당하는 지위에 있어 비록 종정이 대내외적으로 천태종을 대표하는 포괄적 권한을 가지고 있기는 하지만, 이는 종교적 신성성을 의미하는 것으로서 구체적인 소송관계에 있어서는 집행기능을 담당하는 총무원장으로 하여금 천태종을 대표할 수 있도록 하더라도 그것이 「헌법」이 규정하는 기본적 사회질서 또는 공서양속 기타 사회상규나 강행법규에 위배된다고 보기 어려운 점 등을 종합하면, 총무원장으로 하여금 천태종을 대표하여 소송행위를 할 수 있도록 하는 취지의 종헌 개정이 「민사소송법」의 소송대리에 관한 강행규정을 잠탈하는 것이 되어 무효가 된다고는 보기 어렵다(대법원 2011.5.13. 선고 2010다84956 판결).

법인이 당사자인 사건에 있어서 그 법인의 대표자에게 적법한 대표권이 있는지 여부는 소송 요건에 관한 것으로서 법원의 직권조사사항으로 법원으로서는 그 판단의 기초 사료인 사실과 증거를 직권으로 탐지할 의무까지는 없다. 다만 이미 제출된 자료들에 의하여 그 대표권의 적법성에 의심이 갈 만한 사정이 엿보인다면 상대방이 이를 구체적으로 지적하여 다투지 않더라도 이에 관하여 심리·조사할 의무가 있다 할 것이고, 이는 당사자가 비법인사단인 경우에도 마찬가지이다(대법원 2005.5.27. 선고 2004다62887 판결 참조).

종교재단을 설립하면서 사찰의 소유였던 토지 및 사찰건물을 모두 재단에 출연한 후 재단 앞으로 그에 관한 소유권이전등기를 마친 경우, 독립한 사찰의 실체를 가지고 있던 사찰이라도 그 물적 요소를 모두 상실하여 재단 소유의 단순한 불교목적 시설 또는 재단을 구성하는 기관의 하나로만 남게 된다. 따라서 종전의 사찰은 재단과 별개의 법적인 권리능력이나 당사자 능력을 갖춘 독립한 사찰로서의 지위는 없다. 따라서 동 사찰명의로 소송을 제기할 수 없다(서울고등법원 2006.9.1. 선고 2005나70344 판결). 재단으로 종교단체를 설립한 경우에는 재단 자체가 소송 당사자가 될 것이다. 개인이 자기의 사재만으로 절을 세워 스스로 절을 관리하고 있는 사설사암 또는 사찰과 같은 경우는 당해 개인을 떠나 독자적인 사찰 자체의 존재를 인정할 수 없으나, 그 이외의 일반적인 사찰은 구 불교재산관리법에 따른 사찰 및 주지등록처분의 유무에 관계없이 법인격 없는 사단이나 재단으로서 독자적인 권리능력과 당사자 능력을 가진다(대법원 1989.10.10. 선고, 89다카2902 판결 참조)(서울행법2008구합30533, 2009.1.20.).

2. 대표자 관리

1) 대표자 분쟁

(1) 개요

사찰 등 종교단체의 재산관리권 등을 가진 주지 등의 임면권이 재단법인에게 귀속되는 경우 그 재단법인이 아닌 제3자를 상대로 하여 주지 등 지위의 적극적 확인을 구하는 소송의 경우, 설령 그 청구를 인용하는 판결이 선고되더라도 판결의 효력이 재단법인에게 미치지 않는다. 따라서 대표자 지위를 둘러 싼 당사자들 사이의 분쟁을 근본적으로 해결하는 가장 유효적절한 방법이 될 수 없으므로 확인의 이익이 없다(대법원 1998.11.27. 선고 97다4104 판결 등 참조). 특별한 사정이 없는 한 재단법인의 구성원에 불과한 이사 또는 재단법인으로부터 임명된 대료를 상대로 하여 이와 같은 대표 지위의 확인을 소구할 이익도 인정될 수 없다(대법원 1982.9.14. 선고 80다2425 전원합의체 판결, 대법원 1998.11.27. 선고 97다4104 판결 등 참조). 재단법인인 종교단체의 대표 지위 확인의 소송은 재단법인을 상대로 하여야 한다는 취지인 것 같다.

(2) 대표자 분쟁의 사례: 사찰의 주지 분쟁사건

가. 사건의 전말

개인소유였던 사찰의 토지와 건물을 사찰 앞으로 증여하여 소유권이전등기를 하였다. 그 후 자신이 이사장으로 재직하던 사단법인을 토대로 불교종단을 창단하기로 하여 발기인대회를 거친 다음 창립총회를 개최하여 초대종정으로 자신이 추대되었고, 종단의 명칭을 정하고, 종단의 기관으로 종단을 대표하고 종통을 계승하는 최고의 권위와 지위를 갖는 종정, 종단 전반을 통할하는 중앙종무행정기관인 총무원, 총무원을 대표하고 종무행정을 행하는 총무원장, 종단의 최고 의결기관인 중앙종회 등을 두는 내용의 종헌을 제정하였다. 그는 종정으로서 중앙종회의장, 총무원장, 부원장, 총무부장 서리, 교무부장을 각 임명하였고, 총무원장에게 나머지 부서장에 대한 선임권을 위임하였으며, 중앙종회의원을 선임하였고, 각 교구 종무원장을 임명하였다. 그 후 이 사찰을 종단공유사찰로 등록시키면서 사찰 창립자를 주지로 임명하였다.

그 후 종정은 재단법인을 설립하기로 하여 재단에 재산을 출연하기로 하여 "재단법인 설립 공동출연 협약서"를 작성하였다. 종정은 문화부장관으로부터 재단의 설립허가를 받았다. 재단의 설립에 따라 이 절의 주지는 재단 앞으로 토지 및 사찰건물을 증여하여 소유권이전등기를 하였다. 그 후 재단은 이 사찰건물을 철거하고 새로이 사찰건물을 건립하여 재단 명의로 이 사찰건물에 관한 소유권보존등기를 마쳤다.

나. 법원의 판단

종교재단이 종단 소속의 종교단체의 부지 및 건물을 출연 받아 그 재산의 유지·보존 등을 목적으로 설립된 경우, 종교재단은 종단과는 별개의 독립된 법인격을 가진 비영리법인이다. 종단 소속의 재산이 일단 재단에 출연된 이상 그 재산은 재단의 소유로 귀속되어 재단의 정관에서 정한 바에 따라 관리, 운영되어야 할 것이고, 종단으로서는 재단의 정관 등에서 정한 제한된 범위 내에서만 재단 소유의 재산에 대하여 권리를 행사할 수밖에 없게 된다(대법원 2011.2.10. 선고 2006다65774 판결).

재단의 정관 시행세칙에서 '법인에 출연한 사찰의 주지 선임은 종헌, 종법에 의하여 사자상승 법류상속의 전통을 준용한다.', '후임 주지의 임명은 법인에 출연 당시 사찰의 대표권자가 법인 사무국에 등록한 후계자를 이사장이 임명한다.'라고 규정하고 있는 반면에, '재단에 출연 당시 종헌, 종법에 의하여 공유사찰, 사유사찰, 독 사찰로 구분된 사찰의 주지선임 및 임명은 다음과 같이 행한다.'라고 하면서 같은 항 제2호에서 '공유사찰은 재산출연 당시 창건주가 추천한 후계자를 총무원장이 임명한다.'라고 규정하고 있다. 토지와 사찰건물이 종교재단에 출연될 당시 사찰은 이미 종단 공유사찰로 등록되어 있었다. 그리고 재단 정관의 효력에 우선하여 '당연직이사가 유고시 지명 선임된 이사가 계승하며 계승된 이사가 주지를 추천하여 총무원장이 임명한다. 단, 이사가 주지 임명변경을 요청하면 즉시 총무원장이 이를 승인한다.'는 내용의 재단법인 설립 공동출연 협약서의 규정이 적용되어 총무원장이 후임 주지에 대해서도 임명 권한을 가진다고 해석한다 하더라도, 이 규정 자체에 의하더라도 당연직이사의 유고시 그 이사에 의하여 지명, 선임된 이사가 후임 주지에 대한 추천권을 가진다고 할 것인데, 재단에 출연함으로써 당연직이사로 재직하던 자가 한 사람을 재단의 이사로 지명한 후 사망한 이상 후임 주지에 대한 추천권은 재단의 이사로 지명받은 사람이 가지므로 추천을 거치지 아니한 채 단순히 사자상승, 법류상속의 전통만을 준용하여 이루어진 천간사 주지 임명행위는 그 절차상의 하자로 인하여 무효이다.

종교재단의 의사와는 무관하게 일방적으로 한 사람을 주지로 임명하는 것이 가능하다고 하더라도, 주지로 임명된 사람의 주지지위 확인 청구는 결국 자신이 사찰의 관리, 운영권을 가지는 것을 전제로 이 사찰건물의 명도와 주지지위의 확인을 구하는 것이라고 보아야 할 것이므로, 사찰이 재단에 사찰 재산을 출연함으로써 독립된 사찰로서의 지위를 상실하였으므로, 이 주지지위 확인 청구가 사찰의 관리, 운영권을 전제로 하지 않은 채 단순한 종교상 지위의 확인만을 구하는 취지라면, 이는 구체적인 권리 또는 법률관계와는 무관한 종교상의 자격에 관한 시비에 불과하여 그 확인을 구할 이익이 있다고 볼 수 없다.

종교재단 소속 사찰이나 교회의 관리는 재단의 정관에서 정한 재단의 목적 사업의 하나일 뿐만 아니라, 정관에 의하면 재단의 기본재산은 이사회의 결의에 따라 관리하도록 되어 있는 점에 비추어 보면, 재단 소속 사찰이나 교회의 관리, 운영권은 본래부터 그 재산의 소유자인 재단에게 귀속되어 있다. 다만 '법인에 출연한 사찰이나 교회의 운영관리는 당해 사찰이나 교회의 대표권자가 담당한다.'고 규정한 정관 시행세칙에 의하여 그 대표가 관리, 운영할 수 있다고 하더라도, 그와 같은 관리, 운영권이 임명행위에 의하여 당연히 그 대표에게 귀속되는 것은 아니고, 재단의 정관 및 내부규정이나 그 대표에게 당해 재산에 대한 관리, 운영권을 위임하는 행위에 의하여 비로소 발생하는 것이다. 이 정관 시행세칙의 규정에 따르면 주지가 당해 사찰의 운영관리를 담당함에 있어 재단 이사장의 보증서에 의거하도록 규정하고 있는바, 이는 결국 주지가 당해 사찰의 관리, 운영을 담당하기 위해서는 재단 이사장의 별도 승인이나 위임을 필요로 하는 취지라고 해석하여야 할 것이므로, 총무원장에 의하여 사찰의 주지로 임명되었다고 하더라도 재단 이사장의 위임이나 승인이 없는 이상 사찰을 관리, 운영할 권리가 없다. 따라서 사찰재산에 대한 관리, 운영권을 가지는 주지임을 전제로 이 사찰건물의 명도와 주지지위의 확인을 구하는 청구는 모두 이유 없다(서울고등법원 2006.9.1. 선고 2005나70344 판결). 대법원은 이에 대하여 다음과 같이 판단하였다. 재단이 증여로 받은 사찰재산에 관하여 완전한 소유권을 취득한 이상 그 재산관리권 등을 가지는 주지의 임면권은 궁극적으로 재단에게 귀속된다고 보아야 할 것인데, 사찰재산에 관한 관리권을 가진 주지 지위의 확인을 구하는 소는 오직 재단만을 상대로 제기할 수 있을 뿐이다. 그렇다면 재단의 이사 내지 사찰의 주지에 불과한 개인을 상대로 하여 주지 지위의 확인을 구한 소송은 피고 적격이 없는 자에 대하여 제기된 것이어서 부적법하다고 할 것임에도 이를 간과한 채 심리·판단하였으니, 이러한 원심판결에는 확인의 이익에 관한 법리를 오해한 위법이 있어 그대로 유지될 수 없다(대법원 2011.2.10. 선고 2006다65774 판결).

3. 이사와 경영

1) 이사의 권리

비영리법인의 이사의 대표권에 대한 제한은 이를 정관에 기재하지 아니하면 그 효력이 없다(민법 §41).

2) 이사의 선임

「민법」 제63조는 “이사가 없거나 결원이 있는 경우에 이로 인하여 손해가 생길 염려가 있는 때에는 법원은 이해관계인이나 검사의 청구에 의하여 임시이사를 선임하여야 한다.”고 규정하고 있다. “이사가 없거나 결원이 있는 경우”라 함은 이사가 전혀 없거나 정관에서 정한 인원수에 부족이 있는 경우를 말한다(대법원 1975.3.31.자 74마562 결정 등 참조). “이로 인하여 손해가 생길 염려가 있는 때”라 함은 통상의 이사선임절차에 따라 이사가 선임되기를 기다릴 때에 법인이나 제3자에게 손해가 생길 우려가 있는 것을 의미한다. 임시이사의 선임을 신청할 수 있는 ‘이해관계인’이라 함은 임시이사가 선임되는 것에 관하여 법률상의 이해관계가 있는 자로서 그 법인의 다른 이사, 사원 및 채권자 등을 포함한다(대법원 1976.12 10. 76마394 결정 등 참조). 이사가 없는 사이에 긴급한 사무를 처리하지 못하거나 의사표시의 수령을 하지 않으면 법인이나 제3자에게 손해가 생길 염려가 있으므로, 법원이 임시이사를 선임하여 임시로 이사의 업무를 처리하도록 함으로써 그 손해를 방지하도록 한 것이다. 이와 같이 「민법」 제63조는 법인의 조직과 활동에 관한 것으로서 법인격을 전제로 하는 조항은 아니라 할 것이고,

법인 아닌 사단이나 재단의 경우에도 이사가 없거나 결원이 생길 수 있으며, 통상의 절차에 따른 새로운 이사의 선임이 극히 곤란하고 종전 이사의 긴급처리권도 인정되지 아니하는 경우에는 사단이나 재단 또는 타인에게 손해가 생길 염려가 있을 수 있으므로, 「민법」 제63조는 법인 아닌 사단이나 재단에도 유추 적용할 수 있다고 봄이 상당하다. 대법원은 법인 아닌 사단이나 재단의 경우에 법인에 관한 「민법」 제63조의 규정을 준용할 수 없다고 판시한 대법원 1961.11.16.자 4294민재항431 결정을 변경한 것이다. 교의의 선포, 종교적 의식의 집행, 신도의 교화 등을 목적으로 하는 종교단체라고 하더라도 그 종교적 행위를 영위하는 과정에서 인적·물적 조직을 구비하여 단체(사단 또는 재단)로서의 실체를 갖추고 일반사회에서 활동하며 다른 사회주체와 사회적 관계를 형성·유지하고 있다면, 이를 둘러싸고 발생하는 구체적인 권리 또는 법률관계의 분쟁에 관하여는 당해 종교단체가 사단법인 또는 재단법인으로 설립되어 있는 경우에는 법인에 관한 「민법」의 규정에 의하여, 법인으로 설립되지 않은 경우에는 법인격 없는 단체에 관한 일반법리가 적용될 수 있고, 따라서 법인 아닌 사단인 종교단체에 대하여도 원칙적으로 그 요건이 충족되는 한 이해관계인이나 검사는 법원에 「민법」 제63조에 따른 임시이사의 선임을 청구할 수 있다. 「헌법」 제20조는 제1항에서 모든 국민은 종교의 자유를 가진다고 규정하고, 제2항에서 국교는 인정되지 아니하며 종교와 정치는 분리된다고 규정하여 종교의 자유를 보장하고 종교와 국가기능의 엄격한 분리를 선언하고 있으므로, 종교의 자유에 속하는 종교적 집회·결사의 자유는 그 성질상 일반적인 집회·결사의 자유보다 광범위한 보장을 받는다 할 것이며, 이에 따라 종교적 집회·결사의 자유를 실현하기 위하여 설립된 종교단체에 대하여는 그 조직과 운영에 관한 자율성이 최대한 보장되어야 한다. 따라서 법원이 종교단체에서 이사의 결원으로 발생하는 장해를 방지하기 위하여 임시이사의 형태로 그 조직과 운영에 관여하게 될 때에도 헌법상 종교단체에 보장되는 종교활동의 자유와 자율성이 침해되지 않도록 그 선임요건과 필요성을 인정함에 신중을 기하여야 하며, 특히 그 선임요건으로 "손해가 생길 염려가 있는 때"를 판단할 때에는, 이사의 결원에 이르게 된 경위와 종교단체가 자율적인 방법으로 그 결원을 해결할 수 있는지 여부를 살피고, 아울러 임시

이사의 부재로 인하여 혼란이 초래되어 임시이사를 선임하지 아니하는 것이 현저히 정의 관념에 반하고 오히려 자유로운 종교 활동을 위한 종교단체의 관리·운영에 심각한 장해를 초래하는지 여부 등의 사정을 종합적으로 참작하여야 할 것이다. 법률상 대표자 겸 업무집행자에 해당하는 자가 없는 상태이고, 해당 종교단체의 내규에 따른 대표 선임의 현실적인 어려움, 재정 구성과 자금 및 보유 부동산의 관리 실태, 종단재산의 유지·보존과 관련하여 다수의 소송제기에 따른 적절한 대응이 요구되는 상황 등에 따라 결원이 된 대표의 업무 수행을 위하여 「민법」 제63조에 따른 임시이사의 선임이 필요하며, 이는 법인 아닌 사단인 종교단체에서 「민법」 제63조의 유추 적용과 임시이사의 선임요건에 관한 법리오해의 위법이 있다고 할 수 없다. 종교의 자유에 기초한 종교단체의 헌법적 가치와 정교분리의 원칙에 비추어 보면, 종교단체 내에 필수직으로 선임되어야 하는 이사가 결원인 경우에 임시이사 선임의 요건과 필요성을 인정함에는 신중한 자세를 견지하여야 할뿐더러, 부득이하게 국가가 그 결원을 보충하기 위하여 법원의 재판을 통하여 종교단체에 관여하게 된다고 하더라도 관여의 주된 목적이 순수한 종교적 영역에 속하는 사항이 아니어야 하고, 관여의 결과로 신앙공동체로서의 종교적 활동에 지장을 주어서는 아니 되며, 관여의 형태도 당해 종교단체의 자율적 운영에 과도하게 개입하는 것이어서는 아니 된다. 따라서 종교단체에서 임시이사의 선임요건에 관한 심사결과 당해 종교단체에 장래 발생이 염려되는 손해를 방지하기 위한 조치로서 임시이사의 선임이 불가피한 경우에도, 결원이 된 당해 이사가 지니는 지위, 권한 및 직무내용과 임시이사가 실제로 수행하여야 하는 업무나 역할 등 당해 종교단체에 관한 구체적 사정에 따라서는 종교단체의 종교적인 활동 및 그 자율성에 장해를 주지 않도록 선임자격이나 그 구체적 권한 내지 직무내용을 제한함이 상당하다. 특히 교의의 통일 등을 위하여 단위 종교단체의 상위 단체로 조직한 포괄적인 종교단체인 종단의 대표자는 법률적으로 종단을 대표하는 권한을 가지고, 종단의 규약이 정한 임명권 등을 통하여 종단의 업무 조직을 구성하는 포괄적인 권한을 가지는 한편, 종교적 권능을 통하여 대내외적으로 당해 종단의 정체성을 표창하고 신도들의 신앙적 일체감을 지지·통합하는 구심점인 역할을 수행하는 지위에 있다. 이와 같이 종교적인 영역에서 차지하는 종단 대표자의 지위나 역할의 중요성을 감안하면 그 종단의 신도가 아니어서 신앙적 동일성이 인정되지 않는 외부의 제3자로 하여금 신앙공동체인 종단의 대표자 업무를 담당하도록 하는 것은 특별한 사정이 없는 한 종교단체의 자율성과 본질에 어긋나므로 원칙적으로 허용되지 않는다고 해석함이 상당하다. 다만, 종단 내부의 총체적 분규와 전체적 대립 양상으로 인하여 당해 종단의 신도중에서는 중립적인 지위에서 종단의 대표자 업무를 적정하게 수행할 수 있는 적임자를 도저히 찾을 수 없는 예외적 사정이 존재하는 경우에는 신도 아닌 사람도 임시이사로 선임할 수 있다고 할 것이나, 이 경우에도 그 직무범위나 권한을 비종교적 영역 내에서 선임의 필요성에 상응한 최소한의 범위로 제한함으로써, 종단의 정체성을 보존하고 그 자율적 운영에 대한 제약도 최소화될 수 있도록 하여야 한다. 따라서 임시이사 선정 과정에서 종단의 신도중에 적임자가 있는지 여부를 충분히 심리하지 아니하고 신도가 아닌 변호사를 선임하면서도 그 직무범위나 권한에 대한 제한 조치도 취하지 아니한 경우는 법리를 오해하여 필요한 심리를 다하지 않은 위법이 있다(대법원 2009.11.19. 자 2008마699 전원합의체 결정).

4. 내부적 관리

1) 구성원 징계

(1) 법원의 개입 범위

우리나라 헌법은 종교의 자유를 보장하고 종교와 국가기능을 엄격히 분리하고 있어 종교단체의 조직과 운영은 그 자율성이 최대한 보장되어야 한다. 이에 따라 종교단체 안에서 개인의 지위에 영향을 미칠 각종 결의나 처분이 당연 무효라고 판단하려면, 일반단체의 결의나 처분을 무효로 돌릴 정도의 절차상 하자가 있는 것으로는 부족하고, 그러한 하자가 매우 중대하여 이를 그대로 둘 경우 현저히 정의 관념에 반하는 경우라야 한다(대법원 2006.2.10. 선고 2003다63104호 판결).

종교 활동은 「헌법」상 종교의 자유와 정교분리의 원칙에 의하여 국가의 간섭으로부터 그 자유가 보장되어 있으므로, 국가기관인 법원은 종교단체 내부관계에 관한 사항에 대하여는 그것이 일반 국민으로서의 권리의무나 법률관계를 규율하는 것이 아닌 이상 원칙적으로 그 실체적인 심리판단을 하지 아니함으로써 당해 종교단체의 자율권을 최대한 보장하여야 한다(대법원 2014.12.11. 선고 2013다78990 판결 등). 이에 따라 일반 국민으로서의 특정한 권리의무나 법률관계와 관련된 분쟁에 관한 것이 아닌 이상 종교단체의 내부관계에 관한 사항은 원칙적으로 법원에 의한 사법심사의 대상이 되지 않는다(대법원 2015.4.23. 선고 2013다20311 판결).

요약하면 종교 활동은 「헌법」상 종교의 자유와 정교분리의 원칙에 의하여 국가의 간섭으로부터 그 자유가 보장되어 있다. 따라서 국가기관인 법원으로서도 종교단체 내부관계에 관한 사항에 대하여는 그것이 일반 국민으로서의 권리의무나 법률관계를 규율하는 것이 아닌 이상 원칙적으로 그 실체적인 심리판단을 하지 아니함으로써 당해 종교단체의 자율권을 최대한 보장하여야 할 것이다. 한편 종교단체가 그 교리를 확립하고 종교단체 및 신앙의 질서를 유지하기 위하여 교인으로서의 비위가 있는 사람을 종교적인 방법으로 제재하는 것은 종교단체 내부의 규제로서 「헌법」이 보장하는 종교의 자유의 영역에 속하는 것임에 비추어, 교인의 구체적인 권리 또는 법률관계에 관한 분쟁이 있어서 그에 관한 청구의 당부를 판단하는 전제로 종교단체의 교인에 대한 징계의 당부를 판단하는 것은 별 론으로 하더라도, 법원이 그 징계의 효력 그 자체를 사법심사의 대상으로 삼아 효력 유무를 판단할 수는 없다고 할 것이다(대법원 2005.6.24. 선고 2005다10388 판결, 대법원 2007.4.12. 선고 2006다77609 판결 등 참조).

그러나 종교단체의 징계결의가 종교적인 차원에서 행하여졌더라도, 그것이 사법적인 측면에서 피징계자의 법적 권리나 의무에 직접적으로 영향을 미치거나, 징계결의의 효력 유무와 관련하여 구체적인 법률관계를 둘러싼 분쟁이 존재하고 그 청구의 당부를 판단하기에 앞서 징계결의의 당부를 판단할 필요가 있는 경우에는 그 판단의 내용이 종교교리의 해석에 관한 것이 아닌 한 법원은 징계결정의 당부를 판단한다(대법원 2005.6.24. 선고 2005다10388 판결). 갈수록 종교단체 내부의 갈등이 법적 문제로 비화되는 경우가 많다. 그런데 종교교리와 관련이 없는 법적 문제에 대해 오로지 종교단체 내부의 문제라는 이유로 사법심사 대상에서 제외하는 것은 재고의 여지가 있다. 표결에 명백하고도 중대한 하자가 있는지가 재판의 쟁점이 된 경우, 표결절차와 방식이 종교교리의 해석과 관련이 있다고 할 수 없는바, 단지 종교단체 내부의 문제로 보아 하자의 중대성에 관한 판단조차 하지 않고 사법심사 대상이 아니라고 보는 판결은 선뜻 동의하기 어렵다(대한변협신문, 2015.5.26.). 한편 면직·출교처분의 유·무효를 가려보아야 할 경우에도 그 처분이 교회헌법에 정한 적법한 재판기관에서 내려진 것이 아니라거나 그 종교단체 소정의 징계절차를 전혀 밟지 아니하거나 징계사유가 전혀 존재하지 아니한다는 등 이를 무효라고 볼 특별한 사정이 없는 한 교회 헌법규정에 따라 다툴 수 없는 이른바 확정된 권징재판을 무효라고 단정할 수 없다(대법원 1984.7.24. 선고 83다카2065 판결, 대법원 1992.5.22. 선고 91다41026 판결 등 참조).

대법원판결(2006년, 2014년)은 모두 「헌법」 제20조(종교의 자유, 정교분리의 원칙)에 따라 종교단체의 자율성을 최대한 보장한다는 것을 공통으로 하고 있다. 두 대법원판결을 조화롭게 해석하기 위해 다음과 같이 정리할 수 있다. 첫째, 종교단체 내부사항으로서 일반 국민으로서의 권리의무나 법률관계를 규율하는 것이라면 사법심사 대상이 된다. 그렇지 않다면 원칙적으로 사법심사 대상이 아니다. 둘째, 종교단체 안에서 개인이 누리는 지위에 영향을 미칠 종교단체 내부의 각종 결의나 처분이 일반단체의 결의나 처분을 무효로 돌릴 정도의 절차상 하자가 있는 정도를 넘어, 그러한 하자가 매우 중대하여 이를 그대로 둘 경우 현저히 정의 관념에 반하는 경우에는 사법심사의 대상이 될 뿐 아니라 그 결의나 처분이 무효로 될 수 있다. '교회 안에서 개인이 누리는 지위에 영향을 미칠 각종 결의나 처분'은 일반 국민으로서의 권리의무나 법률관계가 아니라고 할 수 있으므로 사법심사 대상이 아니지만, 일반단체보다 더욱 엄격한 요건을 부여하여 예외적으로 사법심사 대상이 된다고 보는 것이다(대한변협신문, 2015.5.26.).

(2) 선출무효의 소송의 사례

가. 개신교의 사례

「헌법」상 종교의 자유와 정교분리의 원칙에 기초하여 그 교리를 확립하고 신앙의 질서를 유지하는 자율권은 최대한 보장되어야 하므로, 종교단체의 의사결정이 종교상의 교의 또는 신앙의 해석에 깊이 관련되어 있다면, 그러한 의사결정이 종교단체 내에서 개인이 누리는 지위에 영향을 미치더라도 그 의사결정에 대한 사법적 관여는 억제되는 것이 바람직하다. 기독교대한성결교회 신길 교회가 교인을 '제적'한다는 결의를 하더라도 그러한 제적결의를 통하여 종교단체로서 교리를 확립하고 신앙상의 질서를 유지하는 한편 교회에 대하여 해교행위를 하는 교인들을 구성원에서 배제하는 방법으로 조직의 안정과 화합을 도모하려고 하였다면 이러한 제적결의 및 그 효력 등에 관한 사항은 교회 내부의 자율에 맡겨야 할 것으로서 사법심사의 대상이 되지 아니한다. 즉 교회의 장로 등은 그 교회 목사가 교단에서 이단이라고 명시한 목사를 강사로 초청하여 부흥회를 개최한 것을 문제 삼아 그 교회 목사를 이단이라는 이유로 교단에 고발하였고, 기독교대한성결교회 총회 및 이단사이비대책위원회는 그 목사에게 그 임무를 보다 충성스럽게 수행할 것을 권고하면서 불기소 결정을 하였다. 이와 같은 담임목사에 대한 이단 고발, 장로 선출을 둘러싼 분쟁과 그에 따른 소송 등으로 장로 등과 담임목사 및 교인들 간에 갈등이 심화되어 이러한 제적결의에 이르게 되었다. 사정이 이러하다면 '목사의 이단성'에 대한 다툼이 이 사건 제적결의의 원인 내지 이유의 하나로 작용하였다고 할 것이므로, 이 제적결의는 교회 및 교회가 속한 교단의 종교상의 교의 또는 신앙의 해석에 깊이 관련되어 있다고 할 것이다(대법원 2011.10.27. 선고 2009다32386 판결).

어느 기독교 종교단체 교단의 헌법 규정에 의하면, 장로는 당회에서 추천한 자를 사무총회에서 투표하여 재석 2/3 이상의 득표로 선출하도록 하고 있다. 문제는 사무총회애서 투표가 아니라 참석한 정회원들로 하여금 박수를 치도록 하여 전원이 찬성한 것으로 보고 가결처리 했다. 이에 따라 사무총회에서 장로로 선출한 결의가 무효라고 소송을 제기했다(대한변협신문, 2015.5.26.). 교회의 정회원에 불과한 사람은 결의에 의해 장로 지위가 부여되는 직접적인 당사자가 아니므로, 결의의 무효 확인을 구할 법률상 이익이, 그 밖에 결의와 관련하여 구체적인 권리 또는 법률관계를 둘러싼 분쟁이 존재하지도 아니한다고 보았다(대법원 2015.4.23. 선고 2013다20311 판결).

나. 가톨릭의 사례

비위행위로 사제직에서 면직된 가톨릭의 신부가 면직처분의 무효 확인을 구하고 사제생활비 등 금전지급을 청구한 사건이 있었다. 면직처분은 사제 신분을 박탈하는 것을 내용으로 하는, 종교단체 내부의 종교적인 방법에 의한 제재에 해당하는 것이며, 금전지급청구는 종교상의 지위에 수반되거나 파생되는 것에 불과하므로 금전지급청구도 본체인 종교상의 지위에 관한 분쟁의 성질을 갖고 있다고 보았다. 따라서 면직처분 무효 확인이나 금전지급청구는 종교교리의 해석문제에 해당하므로 사법심사의 대상이 아니라고 판단했다(서울고법 2014.5.9. 선고 2013나34986 판결, 대법원 2014.8.20. 선고 2014다34911 판결로 확정)(대한변협신문, 2015.5.26.). 일본 판결 중에는 사제직 지위 일반은 순전한 종교상 지위에 관한 것이기 때문에 그 존부에 관한 분쟁은 법률상 쟁송이 아니므로 그 지위확인의 소를 각하하면서도, 특정교회 주임사제의 지위는 당해 주임사제에 대해 건물사용권, 교회로부터 받는 임금 등을 받아 종교법인과의 사이에서 일정한 세속적인 법률관계로 보이는 측면을 갖고 있으므로 그 존부에 관한 분쟁은 법률상의 쟁송으로서, 지위 확인의 이익이 있다고 본 것이 있다(大阪高判 昭和 52.5.26. 昭和 46年(ネ)第1251 , 生野가톨릭교회 사건). 이로써, 일본 법원은 종교단체 내부의 문제이지만 종교교리에 관한 것을 제외한 나머지를 사법심사의 대상으로 삼는다는 점에서 우리보다는 적극적임을 알 수 있다(대한변협신문, 2015.5.26.).

다. 천태종의 사례

교인으로서 비위가 있는 자에게 종교적인 방법으로 징계·제재하는 종교단체 내부의 규제가 아닌 한, 종교단체 내에서 개인이 누리는 지위에 영향을 미치는 단체법상의 행위라 하여 반드시 사법심사의 대상에서 제외할 것은 아니고(대법원 2006.2.10. 선고 2003다63104 판결 참조), 한편 징계결의와 같이 종교단체 내부의 규제라고 할지라도 그 효력의 유무와 관련하여 구체적인 권리 또는 법률관계를 둘러싼 분쟁이 존재하고 또한 그 청구의 당부를 판단하기에 앞서 위 징계의 당부를 판단할 필요가 있는 경우에는 그 판단의 내용이 종교 교리의 해석에 미치지 아니하는 한 법원으로서는 위 징계의 당부를 판단하여야 한다(대법원 2005.6.24. 선고 2005다10388 판결, 대법원 2008.11.27. 선고 2008다17274 판결 등 참조). 천태종은 "'한 구성원'이 종단 중요 보직자를 모욕되게 하고, 승단의 화합을 깨뜨리며, 종단의 대외적 위상을 실추시키는 중대한 행위를 하였으므로, 상벌위원회 법 제3장 제7조 제2항, 제4항에 의하여 '체탈도첩(제명)'한다."고 징계결의를 하였다. 그리고 천태종은 그를 상대로 하여 그의 명의의 부동산에 관하여 법원에 부동산처분금지가처분신청을 하면서, 그 신청원인으로 "이 부동산은 천태종이 매입하였으나 농지라서 천태종 명의로 소유권이전등기를 할 수 없는 이유 등으로 그에게 명의신탁 하였는데, 그가 징계결의에 의하여 제명되었으므로, 천태종은 이 부동산을 환수하기 위하여 그 매도인을 대위하여「부동산 실권리자명의등기에 관한 법률」에 의하여 무효가 된 이 소유권이전등기의 말소등기청구권을 보전하기 위해 처분금지가처분을 구한다."라고 주장하였고, 법원은 신청을 받아들여 처분금지가처분등기를 하였다. 이후 천태종은 본안소송을 제기하여 "피고 종단에 중대한 행위를 하였음을 이유로 징계결의에 의하여 종단 승려로서의 지위를 상실한 그로부터 재산을 환수하기 위하여 이 부동산 및 그 명의의 자동차, 주식 등에 관한 명의신탁을 해지하였으므로, 그는 이 명의신탁 해지 또는 부당이득반환을 원인으로 이 부동산, 자동차, 주식 등에 관한 소유권이전등기 또는 소유권이전등록, 자동차 인도 및 주식양도절차 등을 이행할 의무가 있다."고 주장하였다. 천태종이 그에게 부동산 등을 명의신탁 한 것은 그가 천태종 종단의 승려인 것을 당연한 전제로 한 것이고, 천태종의 주장과 같이 그의 명의로 등기된 부동산 등이 명의신탁된 것이라면, 그 명의신탁관계에 기하여 그는 부동산 등을 명의수탁자의 지위에서 관리·보존하고 경우에 따라서는 자신의 이름으로 처분하는 등의 법률행위를 하여 왔을 것이고, 만약 징계결의가 없었다면 천태종이 부동산 등에 관한 명의신탁을 해지하거나 또는 명의신탁이 무효임을 이유로 가처분 또는 본안소송을 제기하지는 아니하였을 것이고, 천태종 스스로도 가처분신청 및 본안소송 등에서 그의 중대한 행위를 이유로 한 징계결의를 명의신탁 해지 등의 원인으로 주장한 점 등을 보면, 이 징계결의는 부동산 등의 명의신탁관계에 기한 그의 권리 또는 법률관계에 영향이 있다고 보아야 하므로, 그가 이 징계결의의 무효 확인을 구하는 것이 구체적인 권리 또는 법률관계와는 무관한 단순한 종교상의 자격에 관한 시비에 불과하다고 볼 수는 없고, 이 징계처분의 당부의 판단이 종교상 교리의 해석에까지 미친다고 볼 만한 사정도 없으므로 천태종의 그에 대한 징계결의의 무효 확인을 구하는 이 소송은 구체적 권리의무관계에 관한 법률적 쟁송에 해당한다고 봄이 타당하다. 따라서 원심이 이 징계결의의 효력 유무에 관하여 판단하였어야 할 것임에도 징계결의가 사법심사의 대상이 되지 않는다고 하여 소를 각하한 것은 잘못이다. 그러므로 원심판결을 파기하고, 사건을 다시 심리·판단하게 하기 위하여 원심법원에 환송하기로 관여 대법관의 일치된 의견으로 판결한다(대법원 2011.5.13. 선고 2010다84956 판결).

제3절 재산과 관리

1. 재산의 관리

비영리법인 종교단체는 독립된 법적 실체이므로 그 재산의 소유와 관리는 비영리법인이 주체가 된다. 그러나 그 종교단체에 소속된 경우는 약간 다른 면이 있다.

예를 들어 불교 종단에 등록을 한 사찰의 주지는 종교상의 지위와 아울러 비법인 사단 또는 단체인 당해 사찰의 대표자로서의 지위를 겸유하면서 사찰 재산의 관리처분권 등을 갖는다. 따라서 그 주지 지위의 확인이나 주지해임 무효 확인 등을 구하는 것이 구체적인 권리 또는 법률관계와는 무관한 단순한 종교상의 자격에 관한 시비에 불과하다고 볼 수는 없는 것이다(대법원 2005.6.24. 선고 2005다10388 판결 참조)(대법원 2005.11.16. 자 2003마1419 결정).

2. 재산의 소유

1) 사단과 총유

종교단체가 사단인 경우에는 그 재산의 소유는 총유로 한다. 즉 법인이 아닌 사단의 사원이 집합체로서 물건을 소유할 때에는 총유로 한다. 총유에 관하여는 사단의 정관 기타 계약에 의하는 것이 원칙이다(민법 제275조). 이러한 총유물의 관리 및 처분은 사원총회의 결의에 의한다. 각 사원은 정관 기타의 규약에 좇아 총유 물을 사용, 수익할 수 있다(민법 제276조). 총유 물에 관한 사원의 권리의무는 사원의 지위를 취득 상실함으로써 취득 상실된다(민법 제277조).

예를 들어 교회는 일반적으로 예배를 목적으로 하는 교인들로 구성된 사단으로서의 성질을 가지고 교회의 재산은 교인들의 총유에 속하며 교인들은 각 교회활동의 목적범위 내에서 총유권의 대상인 교회재산을 사용·수익할 수 있다(대법원 1993.1.19. 선고, 91다1226 판결, 대법원 1999.7.7. 97누17261 판결 참조). 즉 기독교단체인 교회에 있어서 교인들의 연보, 헌금기타 교회의 수입으로 이루어진 재산은 특별한 사유가 없는 한, 그 교회소속 교인들의 총유에 속한다(대법원 1968.11.19. 선고 67다2125 판결참조)(대법원 1980.12.9. 선고 80다2045,2046 판결).

2) 재단의 소유

(1) 부동산관리

종교단체로서 재단법인은 개별종교 단체들로부터 부동산에 관한 등기를 받아 재단법인의 기본재산으로 편입한다. 그러나 부동산 사용·수익에 대하여는 아무런 제한을 두지 않아 개별종교 단체들이 종전대로 부동산을 종교시설로 사용한다. 개별종교 단체가 자금이 필요한 경우에는 재단법인 이사회의 사전 승인을 받아 부동산을 담보로 제공하고 대출을 받거나 제3자에게 양도하여 자금을 마련하는 등 부동산에 대한 사실상 처분권한을 보유한다. 개별종교 단체들에게 재산을 재단법인으로 편입·보전하도록 하고 있는 규정이 등기명의의 변경만을 요구하고 있을 뿐 그 소유권 자체의 양도까지 규정하고 있지는 않는 것이 보통이다.

(2) 부동산등기의 법적 의미

개별종교 단체들의 모든 토지, 건물 및 시설물은 재단법인으로의 편입·보전이 강제되는 것은 교단의 정통성 유지, 개별종교 단체들과의 일체성 확보, 재산의 사유화 및 재산분쟁으로 인한 분열 방지 등을 목적으로 한 것이다. 재단법인 소속 개별종교 단체들이 부동산을 재단법인 명의로 등기한 것은 재단법인에게 그 소유권을 종국적으로 취득하게 하겠다는 의사보다는 재단법인에 대한 소속감을 강화하고 결집 성을 확보하기 위한 상징적 의미로써 또는 재단법인 가입회원으로서 권리와 의무를 성실히 이행하고 그 설립 목적에 어긋나는 행위를 하지 않겠다고 다짐하는 취지로 한 것으로서 일종의 명의신탁에 해당한다고 봄이 타당하다(대법원2010두10501, 2010. 10.14.).

그러나 재단법인의 기본재산은 재단법인의 실체를 이루는 것이므로, 재단법인 설립을 위한 기본재산의 출연행위에 관하여 그 재산출연자가 소유명의만을 재단법인에 귀속시키고 실질적 소유권은 출연자에게 유보하는 등의 부관을 붙여서 출연하는 것은 재단법인 설립의 취지에 어긋나는 것이어서 관할 관청은 이러한 부관이 붙은 출연재산을 기본재산으로 하는 재단법인의 설립을 허가할 수 없고, 또한 재단법인 설립과정에서 그 출연자들이 장래 설립될 재단법인의 기본재산으로 귀속될 부동산에 관하여 소유명의만을 신탁하는 약정을 하였다고 하더라도, 관할 관청의 설립허가 및 법인설립등기를 통하여 새로이 설립된 재단법인에게 아무 조건 없이 기본재산 증여를 원인으로 한 소유권이전등기를 마친 이후에까지 이러한 명의신탁계약이 설립된 재단법인에게 효력이 미친다고 보면 재단법인의 기본재산이 상실되어 재단법인의 존립 자체에 영향을 줄 것이므로, 위와 같은 명의신탁계약은 새로 설립된 재단법인에 대해서는 효력을 미칠 수 없다고 해석함이 상당하다(대법원 1969.11.25. 선고 69다1369 판결, 대법원 1971.8.31. 선고 71다1176 판결 등 참조). 종교재단이 종단 소속의 종교단체의 부지 및 건물을 출연 받아 그 재산의 유지·보존 등을 목적으로 설립된 경우, 종교재단은 종단과는 별개의 독립된 법인격을 가진 비영리법인이다. 종단 소속의 재산이 일단 재단에 출연된 이상 그 재산은 재단의 소유로 귀속되어 재단의 정관에서 정한 바에 따라 관리, 운영되어야 할 것이고, 종단으로서는 재단의 정관 등에서 정한 제한된 범위 내에서만 재단 소유의 재산에 대하여 권리를 행사할 수밖에 없게 된다(대법원 2011.2.10. 선고 2006다65774 판결). 종교재단 소속 사찰이나 교회의 관리는 재단의 정관에서 정한 재단의 목적 사업의 하나일 뿐만 아니라, 정관에 의하면 재단의 기본재산은 이사회의 결의에 따라 관리하도록 되어 있는 점에 비추어 보면, 재단 소속 사찰이나 교회의 관리, 운영권은 본래부터 그 재산의 소유자인 재단에게 귀속되어 있다. 다만 '법인에 출연한 사찰이나 교회의 운영관리는 당해 사찰이나 교회의 대표권자가 담당한다.'고 규정한 정관 시행세칙에 의하여 그 대표가 관리, 운영할 수 있다고 하더라도, 그와 같은 관리, 운영권이 임명행위에 의하여 당연히 그 대표에게 귀속되는 것은 아니고, 재단의 정관 및 내부규정이나 그 대표에게 당해 재산에 대한 관리, 운영권을 위임하는 행위에 의하여 비로소 발생하는 것이다(대법원 2011.2.10. 선고 2006다65774 판결). 예를 들어 개인 사찰재산을 재단의 기본재산으로 출연하고 재단이 등기를 마쳐 완전한 소유권을 취득함으로써 그 개인 사찰은 완전히 재단의 소유가 된다. 따라서 그 시점에 이 사찰은 재단 소유의 단순한 불교목적 시설의 하나로 법적 성격이 전환되어 독자적인 당사자능력을 상실하였다. 또한, 설령 사찰을 재단의 기본재산으로 출연하는 과정에서 이 토지 등에 관하여 형식적인 소유명의만을 재단에 귀속시키고 실질적 소유권은 계속 보유하기로 하는 약정이 있었다고 하더라도, 이와 같이 재단의 존립 자체에 영향을 주는 약정은 재단에 대한 관계에서 효력을 인정할 수 없다. 종교재단에 속한 사찰을 독자적인 당사자능력이 있는 독립사찰의 주지라고 주장하면서 사찰재산의 인도를 구하는 인도청구권은 인정될 수는 없다(대법원 2011.2.10. 선고 2006다65774 판결).

3) 분란과 재산

교회가 분란이 일어나거나 교인들이 나가서 새로운 교회를 설립하는 경우 기존 교회의 재산은 어떻게 될까. 예를 들어 기존 교회의 대부분의 교인들이 그 교회를 나가서 새로운 교회를 설립하기로 한 경우 기존 교회의 재산은 어떻게 될까. 이와 관련한 판결을 하나보면 이해할 수 있다.

교단에 소속되어 있던 교회의 교인들의 일부가 교단을 탈퇴하기로 결의한 다음 종전 교회를 나가 별도의 교회를 설립하여 별도의 대표자를 선정한 경우, 그 교회는 종전 교회에서 집단적으로 이탈한 교인들에 의하여 새로이 법인 아닌 사단의 요건을 갖추어 설립된 신설 교회라 할 것이어서, 그 교회 소속 교인들은 더 이상 종전 교회의 재산에 대한 사용·수익권을 보유할 수 없게 된다. 결국은 교회를 나오면 다니던 교회의 재산은 전혀 손을 댈 수가 없다. 다만, 사단법인 정관변경에 준하여 의결권을 가진 교인 2/3 이상의 찬성에 의한 결의를 통하여 소속 교단에서 탈퇴한 경우에는 종전 교회의 실체가 이와 같이 교단을 탈퇴한 교회로서 존속하고 종전 교회 재산은 탈퇴한 교회 소속 교인들의 총유로 귀속된다. 교단탈퇴에 교인이 의결권을 가진 교인의 2/3에 이르지 못한다면 종전 교회의 동일성은 여전히 종전 교단에 소속되어 있는 상태로서 유지되므로, 교단변경 결의에 찬성하고 나아가 종전 교회를 집단적으로 탈퇴하거나 다른 교단에 가입한 교인들은 교인으로서의 지위와 더불어 종전 교회 재산에 대한 권리를 상실하였다고 볼 수밖에 없다(대법원 2006.4.20. 선고 2004다37775 전원합의체 판결 참조)(대법원 2006.6.30. 선고 2000다15944 판결).

3. 재산 소유권

1) 사단인 종교단체의 소유권

사단의 그 재산귀속관계는 총유가 된다(민법 §275). 즉 사단의 자산 또는 부채는 모두 단체가 주체가 되며, 구성원은 배당을 받거나 설비를 이용하고 그 채무에 대하여 책임을 지지 않는다. 예를 들어 종중 같은 사단이 토지에 대한 수용보상금 같은 금액이 있는 경우 그것은 그 구성원인 종 원의 총유에 속하고, 그 분배는 총유물의 처분에 해당하므로(대법원 1994.4.26. 선고 93다32446 판결 참조), 정관 기타 규약에 달리 정함이 없는 한 종중총회의 결의에 의하여 그 수용보상금을 분배할 수 있고, 그 분배 비율, 방법, 내용 역시 결의에 의하여 자율적으로 결정할 수 있다(대법원 2010.9.30. 선고 2007다74775 판결).

2) 사단인 종교단체의 부채

「민법」 제275조 제1항은 비법인사단의 사원이 집합체로서 물건을 소유할 때에 비법인사단의 소유명의로 등기를 하였다 하더라도 이를 비법인사단의 소유로 인정하지 아니하고 그 구성원들의 총유로 한다고 규정하고 「민법」 제278조에서 기타의 재산권에 이를 준용한다고 규정하여 비 법인

사단 자체를 권리의무의 주체로 규정하고 있지 않다. 따라서 비 법인사단이 채무를 부담하는 경우에도 그 채무가 별개의 법인격을 가진 사단에 독립적으로 귀속하는 것이 아니라 구성원 전원이 집합체로서 이를 준총유하는 것이고, 구체적으로는 그 사단의 목적·성격 및 활동내용에 따라 그 구성원의 내부적 책임이 규약 또는 조합원총회의 결의 등을 통하여 개별적으로 결정된다고 할 것이다(대법원 1998.4.23. 선고 95다26476 전원합의체 판결).

3) 사단인 종교단체의 재산분쟁과 소유권

(1) 일부탈퇴의 경우

교회가 법인 아닌 사단으로서 존재하는 이상 그 법률관계를 둘러싼 분쟁을 소송 등의 방법으로 해결함에 있어서는 법인 아닌 사단에 관한 민법의 일반 이론에 따라 교회의 실체를 파악하고 교회의 재산 귀속에 대하여 판단하여야 한다. 이에 따라 법인 아닌 사단의 재산관계와 그 재산에 대한 구성원의 권리 및 구성원 탈퇴, 특히 집단적인 탈퇴의 효과 등에 관한 법리는 교회에 대하여도 동일하게 적용되어야 한다. 따라서 교인들은 교회 재산을 총유의 형태로 소유하면서 사용·수익할 것인데, 일부 교인들이 교회를 탈퇴하여 그 교회 교인으로서의 지위를 상실하게 되면 탈퇴가 개별적인 것이든 집단적인 것이든 이와 더불어 종전 교회의 총유 재산의 관리처분에 관한 의결에 참가할 수 있는 지위나 그 재산에 대한 사용·수익권을 상실하고, 종전 교회는 잔존 교인들을 구성원으로 하여 실체의 동일성을 유지하면서 존속하며 종전 교회의 재산은 그 교회에 소속된 잔존 교인들의 총유로 귀속됨이 원칙이다. 그리고 교단에 소속되어 있던 지 교회 교인들의 일부가 소속 교단을 탈퇴하기로 결의한 다음 종전 교회를 나가 별도의 교회를 설립하여 별도의 대표자를 선정하고 나아가 다른 교단에 가입한 경우, 그 교회는 종전 교회에서 집단적으로 이탈한 교인들에 의하여 새로이 법인 아닌 사단의 요건을 갖추어 설립된 신설교회라 할 것이어서, 그 교회 소속 교인들은 더 이상 종전 교회의 재산에 대한 권리를 보유할 수 없게 된다(대법원 2006.4.20. 선고 2004다37775 전원합의체 판결 참조).

(2) 다수탈퇴의 경우

교단에 소속되어 있던 지교회의 교인들 중 의결권을 가진 교인 2/3 이상의 찬성에 의한 결의를 통하여 소속 교단을 탈퇴하기로 결의한 다음 종전 교회를 나가 별도의 교회를 설립하여 별도의 대표자를 선정하고 나아가 다른 교단에 가입한 경우에는 사단법인 정관변경에 준하여 종전 교회의 실체가 이와 같이 교단을 탈퇴한 교회로서 존속하고 종전 교회 재산은 탈퇴한 교회 소속 교인들의 총유로 귀속된다(대법원 2006.6.9.자 2003마1321 결정 참조). 이러한 종교단체의 결의가 적법·유효하여 종전 교단에서 탈퇴한 것으로 인정된다면 탈퇴 단체는 종전 단체의 부동산에 관하여 탈퇴단체 명의로 등기명의인 표시변경 등기를 할 수 있다(부동산등기법 §48 ①)(서울동부지방법원 2008.2.15. 선고 2006가합13702 판결).

4) 사찰의 재산권

사찰이 개인 소유의 토지 위에 사찰건물을 건립할 경우 이는 단순한 개인 소유에 불과한 불교목적 시설이다. 그러나 사찰로 사용되는 개인 소유 토지와 사찰건물을 사찰로 증여하여 사찰명의로 등기를 마치고 특정종단 소속의 사찰로 등록하면서 특정종단의 규약인 종헌과 종법에 따르기로 하는 등의 절차를 밟을 경우 이는 독립된 사찰로서의 실체를 갖추게 된다(대법원 2005.6.24. 선고 2003다54971 판결 등 참조).

권리능력과 당사자 능력을 가진 비법인 사단이나 재단에 해당하는 사찰의 주지는 종교상의 지위와 아울러 비법인 단체인 당해 사찰의 대표자로서의 지위를 겸유하면서 사찰 재산의 관리처분권 등을 갖게 되는 것이어서 그 주지 지위의 확인을 구할 이익이 있다고 할 것이다(대법원 2005.6.24. 선고 2005다10388 판결 참조). 당사자능력을 가진 독립사찰의 경우 그 소유의 토지 및 건물을 점유하는 것은 사찰 자신이고, 그 주지의 지위에 있는 자가 그 토지와 건물을 점유하는 것은 아니다(대법원 1996.1.26. 선고 94다45562 판결 등 참조).

제4절 교단과 변경

1. 변경의 요건

특정 교단에 가입한 개별 교회가 교단이 정한 헌법을 개별 교회의 자치규범으로 받아들인 경우에는 소속 교단의 변경은 실질적으로 지 교회 자신의 규약에 해당하는 자치규범을 변경하는 결과를 초래한다. 반면 개별 교회가 자신의 규약을 갖춘 경우에는 교단변경을 하는 경우에는 개별 교회의 명칭이나 목적 등 개별 교회의 규약에 포함된 사항의 변경을 가져오기 때문에, 소속 교단에서의 탈퇴 내지 소속 교단의 변경은 사단법인 정관변경에 준하여 의결권을 가진 교인 2/3 이상의 찬성에 의한 결의를 필요로 한다. 만일 소속 교단에서의 탈퇴 등에 관한 결의를 하였으나 이에 찬성한 교인이 의결권을 가진 교인의 2/3에 이르지 못한다면 종전 교회의 동일성은 여전히 종전 교단에 소속되어 있는 상태로서 유지된다. 그러므로 의결권을 가진 교인의 2/3 이상의 찬성에 의하여 소속 교단에서의 탈퇴 또는 소속 교단의 변경결의가 적법·유효하게 이루어졌다는 점은 이를 주장하는 자가 입증하여야 한다(대법원 2007.6.29.자 2007마224 결정참조).

예를 들어 보자. 대한예수교장로회(합동) 경동노회 소속의 한 개별교회의 교인들이 공동의회를 개최하여 대표자를 선출하여 경동노회 탈퇴결의를 하고 대한예수교장로회총회(개혁) 경북노회에 가입하였다. 그러나 그 결의는 교단변경에 필요한 의결권을 가진 교인 2/3 이상의 찬성에 이르지 못하였다. 따라서 이러한 결의는 효력이 없으며 그 결의에 찬성한 교인들은 경동노회 지교회의 교인으로서의 지위와 그 토지 및 건물에 대한 권리를 상실하였고 따라서 이 교회의 대표자가 될 수도 없다(대법원 2009.7.23. 선고 2008다44085, 44092 판결).

교회의 일부 교인들이 소속 교단을 탈퇴하고 다른 교단에 가입하기로 하는 내용의 교단변경을 결의하는 것은 종전 교회를 집단적으로 탈퇴하는 것과 구별된다. 교단변경에 찬성한 교인들이 종전 교회에서 탈퇴하였다고 평가할 수 있을지 여부는 법률행위 일반의 해석 법리에 따라, 교회를 탈퇴한다는 취지의 의사표시를 하였는지 여부, 종전 교회가 따르던 교리와 예배

방법을 버리고 다른 교리와 예배방법을 추종하게 되었는지 여부, 종전 교회와 다른 명칭을 사용하거나 종전 교회의 교리 등을 따르기를 원하는 나머지 교인들을 의도적으로 배제한 채 독립한 조직을 구성하거나 종전 교리를 따르지 않는 새로운 목사를 추대하여 그를 중심으로 예배를 보는 등 종전 교회와 별도의 신앙공동체를 형성하였다고 볼 수 있는지 여부, 스스로 종전 교회와 다른 조직임을 전제로 하는 주장이나 행위 등을 하여 왔는지 여부, 교단변경에 이르게 된 경위, 즉 단순히 종전 교회의 소속 교단만을 변경하는 데 그치겠다는 의사에서 결의에 나아간 것인지 아니면 만약 교단변경의 결의가 유효하게 이루어지지 아니하여 종전 교회의 소속 교단이 그대로 유지된다면 종전 교회에서 탈퇴하겠다는 의사를 갖고서 결의에 나아간 것인지 여부, 교단변경 결의가 유효하게 이루어지지 아니하는 경우 교회재산의 사용수익권을 잃는 것을 감수하고서라도 새로운 교회를 설립할 것인지 아니면 사용수익권을 보유하면서 종전 교회에 남을 것인지 사이에서 교인들이 어떠한 선택을 하였다고 볼 것인지 여부 등 여러 사정을 종합적으로 고려하여 판단하여야 할 것이다(대법원 2010.5.27. 선고 2009다67665,67672 판결). 사례를 보자.

2. 교회의 사례

1) 교단의 탈퇴

대한예수교장로회의 한 개별교회의 장로가 목사가 신도를 폭행하였고, 적법한 소집절차를 거치지 않고 공동의회를 소집하여 무자격자를 서기로 지명하였으며, 교회의 설립자의 한 사람으로 20년간 시무하여 온 장로를 원로 장로로 추대하지 아니하고 은퇴 장로로 지명하였고, 비행을 일삼아 부임 당시보다 교인이 현저히 줄었다는 사유로 서울 동 노회 재판 국에 고소하였다. 재판국은 폭행사건은 공소권 없음으로 종결되었고, 교회가 숫자적으로 부흥하지 않은 것을 목사의 책임으로 볼 수 없다고 판단하였다. 다만 목사가 당회의 구체적인 결의 없이 공동의회를 개최하였고, 재판 국 조사처리위원회 앞에서 거친 언행을 하였으며, 조사처리위원회의 소환통지서를 교회의 전교인에게 고지하라는 지시에 따르지 아니하였다는 이유로 대한예수교장로회 권징조례(제6장 41조, 제7장 48조)에 의거 교회의 당회장직을 정직하며 설교권만 부여한다고 심판하였다. 고소 장로에게도 교회 문제를 평화적으로 해결하지 아니하고 당회결의 없는 광고를 하는 등의 과오가 있었다는 이유로 권징조례(제4장 19조)에 의해 교회의 당회로 하여금 장로에게 권징조례(제6장 41소)를 적용하여 견책하도록 지시하였다. 그러나 심판 이후에도 장로를 지지하는 교인들(대한예수교장로회 무소속 교회 교인)과 목사를 지지하는 교인들(대한예수교장로회 서울 동 노회 교회 측 교인)이 계속 대립하여 오면서, 다시 서울 동 노회에 교회의 분쟁에 관하여 수습하여 줄 것을 청원하였으나, 서울 동 노회는 정기총회에서 교회에 대한 교회 수습이나 담임목사 교체 등 청원한 모든 안건을 기각하고 자체적으로 처리하도록 결의하였다. 교인 37명은 교인총회를 개최하여 장로를 임시의장으로 하여, 목사가 장로교회 헌법을 위반하여 당회장직 정지의 징계를 당하고도 회개하지 않고 교회를 피폐하게 만들었으며 부도덕하고 무책임한 목사라는 등의 사유로 담임목사직에서 해임하는 결의('2002.11.3.자 결의'라고 한다)를 하였고, 38명의 교인은 다시 교인총회를 개최하여 장로를 임시의장으로 하여 서울 동 노회를 탈퇴하고, 후임 목사를 청빙하기로 하는 결의('2002.11.17.자 결의'라고 한다)를 하였고, 서울 동 노회에 탈퇴 통보를 하고, 후임목사는 담임목사 청빙을 받아들여 담임목사로 취임하였다. 이런 일련이 사건들은 결국 법원에 소송을 제기하게 되었고 1심은 다음과 같이 결론 내렸다.

대한예수교장로회 합동 측 총회 헌법에는 '교인총회'라는 회의는 규정되어 있지 않다. 다만 제21장 제1조에서 '공동의회'에 관하여 '본 교회 무 흠 입교인은 다 회원자격이 있다.'(제1항), '공동의회는 당회가 필요로 인정할 때와 제직회의 청원이나 무 흠 입교인의 3분의 1 이상 청원이나 상회의 명령이 있는 때에 당회의 결의로 소집한다.'(제2항), '지교회의 당회장과 당회 서기는 공동의회의 회장과 서기를 겸한다. 당회장이 없는 경우에는 그 당회가 임시 회장을 정할 것이요 회록은 따라 작성하여 당회 서기가 보관한다.'(제3항), '당회는 개최할 날짜와 장소와 의안을 1주일 전에 교회에 광고 혹은 통지하고 그 작정한 시간에 출석하는 대로 개회하되 회집 수가 너무 적으면 회장은 권하여 다른 날에 다시 회집한다.'(제4항)고 정하고 있다. 그런데 교인총회가 적법한 소집절차를 밟지 아니한 채 당시 당회장인 목사가 아닌 장로가 임시의장이 되어 진행되어, 교인총회 소집절차에 중대한 흠이 있었다. 의결정족수도 교인들이 탈퇴 결의를 할 당시 의결권 있는 교인들 중 2/3 이상이 동의하였다고 인정하기에 부족하였다. 따라서 동 결의는 사단법인 정관변경에 준한 소속 교단 변경결의의 요건을 갖추지 못하였고, 서울 동 노회가 파송한 목사가 재직하고 동 노회 교회가 종전 교회로서의 동일성을 유지하면서 존속하는 교회라고 할 수 있다(서울동부지방법원 2008.2.15. 선고 2006가합13702 판결). 이러한 판결에 항공하였고 2심의 판결은 다음과 같다.

대한예수교장로회 합동 측 교단 소속의 교회가 되기 위해서는 노회에서 요구하는 소정 양식을 갖추어 노회에서 허락을 받은 다음에, 총회에 등록하는 절차를 거쳐야 한다. 합동 측 교단 소속 교회 중 교단 산하의 어느 노회에도 소속되지 아니한 교회는 있을 수 없다. 교회의 일부 교인들이 결의를 통해 서울 동 노회를 탈퇴하기로 결의한 것은 단순히 소속 노회만을 탈퇴한 것이 아니라 합동 측 교단에서 탈퇴한 것으로 판단되므로, 사단법인 정관변경에 준하여 의결권을 가진 교인 3분의 2 이상의 찬성에 의한 결의를 거쳐야만 기존 교회의 실체가 교단을 탈퇴한 (무소속) 교회로서 존속한다고 할 것이다. 대한예수교장로회 합동 측 총회헌법에는 '교인총회'라는 회의는 규정되어 있지 아니하며, 다만 제21장 제1조에서 '공동의회'에 관하여 '본 교회 무 흠 입교인은 다 회원자격이 있다.'라고 규정하고 있고, 종전 교회의 정관 제11조 제1항은 '공동의회의 회원은 본 교회의 세례교인 이상으로 한다.'라고 규정하고 있어, 이러한 요건을 갖춘 교인의 3분의 2 이상의 찬성을 얻지 못한 것으로 판단되는 경우 탈퇴한 것으로 볼 수 없다(서울고등법원 2009.2.20. 선고 2008나30873 판결). 결국 이 소송은 대법원까지 갔고 대법원은 최종적인 판결을 내렸다.

대한예수교장로회(합동)에 있어 교회 치리권은 당회, 노회, 대회, 총회 등의 치리회에 있고, 당회는 지교회의 목사와 치리 장로로 구성되고 원칙적으로 그 지교회의 담임목사가 당회장이 되며, 목사는 위임목사(한 지 교회나 1구역의 청빙으로 노회의 위임을 받은 목사), 무임목사(담임한 시무가 없는 목사로서 노회에서 언권이 있으나 가부 권은 없다), 전도목사(교회 없는 지방에 파견되어 교회를 설립하고 노회의 결의로 그 설립한 교회를 조직하며 성례를 행하고 교회의 부흥 인도도 하는데, 노회의 언권은 있으나 결의권은 없다.)로 구분되고, '2002.11.3.자 담임목사 해임결의' 이후 기존 교회에 장로가 없게 되어 당회가 없어졌는데, 당회장 권은 그 후 2년간 유효하나, 그 유예기간 동안에 다시 당회를 구성하지 못하여 더 이상 위임목사로서 당회장 권을 행사할 수 없게 되었고 현재는 단지 선도목사 또는 무임목사에 불과하다. 따라서 특별한 사정이 없는 한 동 노회의 교회를 대표할 적법한 권한이 없다고 보이므로, 대표권이 있음을 전제로 하여 한 원심판결에는 결과적으로 피고의 적법한 대표자에 관한 심리를 다하지 아니한 잘못이 있고, 이는 판결에 영향을 미쳤음이 분명하다. 그러므로 원심판결을 파기하고, 사건을 다시 심리·판단하게 하기 위하여 원심법원에 환송하기로 하여, 관여 대법관의 일치된 의견으로 주문과 같이 판결한다(대법원 2009.12.10. 선고 2009다22846 판결).

2) 교단의 변경

대한예수교장로회 광성교회(통합교단 서울동남노회 소속)와 대한예수교장로회 광성교회(합동 측 서북노회 소속) 판례이다.

대한예수교장로회 광성교회의 일부 교인들이 2005년 교인총회를 열어 기존에 소속된 대한예수교장로회 통합교단으로부터 탈퇴하고 한국 독립교회·선교단체 연합회에 가입한다는 내용의 교단변경 결의를 하였다. 이 교인총회에서 8명이 부목사로 선임되고, 교인총회 이후 3명이 부목사로 선임되었고, 한 사람이 교회를 대표하여 대한예수교장로회 통합교단 및 그 산하 서울동남노회를 탈퇴하고, 한국 독립교회·선교단체 연합회 및 대한예수교장로회 합동교단 서북노회에 순차로 가입하였다. 그러나 그 후 위 결의가 소집절차나 결의방법 등 절차상 하자에 관한 나툼으로 소송이 제기되었다.

광성교회의 동일성은 대한예수교장로회 통합교단에 소속되어 있는 대한예수교장로회 광성교회(통합교단 서울동남노회 소속)에 존속한다. 대한예수교장로회 광성교회(합동측 서북노회 소속)는 광성교회로부터 탈퇴한 교인들로 이루어진 별개의 교회이고, 목사와 부목사는 광성교회가 아닌 대한예수교장로회 광성교회(합동측 서북노회 소속)의 목사 내지 부목사이므로 모두 광성교회의 재산에 관하여 아무런 권리가 없다고 원심은 보았다.

교단변경 결의에 찬성한 광성교회 일부 교인들은 교회 운영과 관련하여 교인들 사이에 반목이 계속되고, 교단과의 갈등도 깊어지면서 교단변경 결의에 이르게 되었다. 이 교단변경 결의에 찬성한 교인들은 6천여 명에 이르고, 전체 교인들 중 3분의 2에 근접하거나 적어도 과반 수 이상의 교인들에 해당하는 것으로 추산된다. 교단변경 결의의 경위와 그에 찬성한 교인들의 규모 등에 비추어 볼 때, 교단 변경에 찬성한 교인들이 40여 년의 역사를 가진 광성교회를 탈퇴하려는 의도에서 교단변경을 결의하였다기보다는 적법한 절차에 따라 소속 교단만의 변경을 통하여 기존 광성교회 조직 자체를 변경하려는 의사로 교단변경 결의를 하였다고 해석하는 것이 그 실체에 보다 부합한다고 보인다. 이 교단변경 결의 이후 한 사람의 목사가 교회를 대표하여 한국 독립교회·선교단체 연합회 및 대한예수교장로회 합동교단 서북노회에 순차로 가입하였다. 그러나 이는 이 교단변경 결의가 적법하게 의결되었다고 여기고 그 후속조치의 일환으로 행한 것으로 볼 수 있고, 교단변경 결의에 찬성한 교인들이 기존의 교회 명칭을 그대로 사용하면서 기존의 교회 건물에서 예배 등을 계속하고 있고, 적어도 규약 상으로는 교단변경에 반대하였던 교인들을 배제하고 있는 것으로 보이지 아니한다.

그러나 이 교단변경 결의가 절차적 하자로 무효라고 판명된 이상 단체법적 법리에 따라 기존 교회 자체의 조직변경 행위는 물론 그에 따른 일련의 후속조치(그 결의에 기한 다른 교단에의 가입행위)도 모두 무효로 된다. 교단변경 결의에 찬성한 교인들이라 하여도 특별한 사정이 없는 한 종전 교회의 교인으로서 지위는 여전히 유지된다고 보아야 한다. 이 교단변경 결의가 무효라는 법원의 판결이 확정된 후에는 대한예수교장로회 광성교회(합동측 서북노회 소속)를 제외한 나머지 목사나 부목사들이나 그들을 따르는 교인들이 새로운 교단에서의 활동을 중단한 것으로 보인다. 이는 교단변경 결의가 무효라는 사실을 수용하고 종전 광성교회 교인으로서 지위를 그대로 유지하려는 의사를 적극적으로 나타낸 것으로 볼 수 있다. 이러한 여러 사정들을 종합하여 보면 이 교단변경 결의에 찬성한 광성교회 교인들이 종전 교회에서의 탈퇴까지 의도하였다거나 자신들만을 교인으로 한정하여 광성교회와는 별개의 새로운 교회를 설립하였다고 단정하기는 곤란하다.

원심은 대한예수교장로회 광성교회(합동측 서북노회 소속)가 대한예수교장로회 광성교회(통합교단 서울동남노회 소속)와 별개의 실체를 갖춘 독립된 교회인지, 이들 목사와 부목사들이 광성교회를 탈퇴하여 교인으로서의 지위를 상실하였는지에 관하여 판단하여야 하였음에도, 광성교회 소속 일부 교인들이 교단변경을 결의하고 나아가 새로운 교단에의 가입을 시도하였다는 등의 사정만을 이유로 대한예수교장로회 광성교회(통합교단 서울동남노회 소속)는 대한예수교장로회 광성교회(합동측 서북노회 소속)와 별개의 독립된 교회이고, 이들은 광성교회를 탈퇴하였다고 판단하였다, 이는 교회 탈퇴나 교회 성립에 관한 법리를 오해하여 판결에 영향을 미친 위법이 있다.

서울동남노회 산하 재판국은 대한예수교장로회 헌법(2007.5.15. 전면 개정되기 전의 것, 이하 '교단 헌법'이라 한다)에 따라 탈퇴목사에 대하여는 당회장 직무남용, 직무유기, 목사의 직무위반, 성경과 헌법에 위반한 행위, 예배방해 행위 선동, 방조, 기독교인 특히 목사로서 부도덕한 행위, 교회 내 폭행 사주 방조, 원로목사 인격모독, 명예훼손, 교회에 사설경호원 배치 등 교회의 평화 질서 파괴, 분열 조장 및 방조 등을 이유로, 부목사 등에 대하여는 동 목사에 동조하여 교단 헌법 및 제 규정을 위반하고, 예배방해 행위를 하였다는 이유로, 대한예수교장로회 통합교단 목사의 직을 면직하고 광성교회에서 출교하는 내용의 면직·출교처분을 하였다. 한편, 대한예수교장로회 광성교회(통합교단 서울동남노회 소속)는 이들에 대하여, 설령 광성교회를 탈퇴하지 않았다 하더라도 면직·출교처분으로 말미암아 목사 내지 부목사의 지위에 따라 사택, 전용 승용차 등으로 사용해 온 각 부동산, 승용차 등을 점유·사용할 권원을 상실하였다고 주장하면서 그 명도 등을 청구하였다.

탈퇴목사는 변호인을 선임하여 기소위원회에 힘께 출석하고자 하였으나 변호인의 참석이 허용되지 아니하였다. 그런데 교단 헌법(제3편 권징 제26조 제1항)에는 '피고인은 언제든지 변호인을 선정하여 변호를 받을 수 있다'고 규정되어 있다. 변호인은 서울동남노회 재판 국에 탈퇴목사를 위하여 변호인의견서를 제출하였고, 서울동남노회 재판 국에서 변호인자격요건을 증명할 수 있는 서류를 제출하라는 보정요청서를 보내와 이에 변호인이 보정서를 제출하였다. 서울동남노회 재판 국에서는 교단 헌법에 따라 탈퇴목사와 변호인에게 각 2회에 걸친 재판기일통지서를 보냈으나 이들이 재판에 불출석하였다. 이에 서울동남노회 재판 국에서는 교단 헌법(제17조 제2항의 규정)에 따라 중경노회장인 장로를 변호인으로 선임하여 변론하게 하고 탈퇴목사에 대하여 면직·출교처분을 하였다. 탈퇴목사는 이에 대하여 교단 헌법에 따른 상소를 제기하지 아니하고 오히려 교단변경 결의를 통해 면직·출교처분의 효력을 무마시키고자 하였다. 한편 서울동남노회 재판국은 탈퇴부목사들에 대하여 재판기일에 앞서 2회에 걸쳐 등기우편으로 소환장을 보냈으나, 이들은 변호인 선임 등 변론을 위한 아무런 조치도 취하지 아니하였고, 재판기일에도 출석하지 않아, 서울 동남노회 재판국은 장로를 변호인으로 선임하여 변론하게 하고, 이들에 대하여 각 면직·출교처분을 하여, 서울동남노회 재판국은 이들에 대한 판결문을 등기우편으로 송달하였고, 기독공보 광고란에도 게시하였으나, 이들은 교단 헌법에 따른 상소를 제기하지 아니하였다. 이에 의하면 탈퇴목사와 부목사들에 대한 각 면직·출교처분에 절차상 하자가 있으며 그것이 중대하여 이를 그대로 둘 경우 현저히 정의 관념에 반하는 경우에 해당하여 면직·출교처분이 무효라고까지는 보기 어렵다. 따라서 이들에 대한 각 면직·출교처분을 무효라고 볼 수 없는 이상 이들이 광성교회를 탈퇴하였는지 여부와는 무관하게 면직·출교처분으로 말미암아 더 이상 광성교회 목사직을 보유하지 않게 되었으므로, 각 부동산 등을 점유·사용할 권원을 상실하였다고 보아야 할 것이다.

광성교회가 속한 대한예수교장로회 통합교단 노회는 지 교회 당회장이 결원되었을 경우 교단 헌법(제66조 제2호의 규정)에 따라 교인총회 등의 결의나 동의절차 없이 임시 당회장을 지 교회에 파송할 수 있으므로, 서울동남노회 재판국의 탈퇴목사에 대한 직무정지 가처분 결정으로 인하여 광성교회 당회장으로서의 모든 권한이 정지되는 등 광성교회에 당회장의 결원이 생기자 제3의 목사를 광성교회 임시 당회장으로 파송한 것은 적법하고, 탈퇴목사의 가처분 결정에 대한 이의신청으로 말미암아 가처분 결정의 효력이 정지되었다가 면직·출교처분이 내려질 때까지 일시적으로 임시 당회장을 파송할 수 있는 사유가 해소되었다 하더라도 노회에서 면직·출교처분 후에도 제3의 목사를 교회의 임시 당회장으로 인정하여 그 직무 수행을 승인하고 있는 이상 제3의 목사 및 그 후임인 목사 모두 임시 당회장으로서 교회를 대표할 권한이 있다고 원심은 판단하였다. 이는 정당한 판단이다. 다만, 이 사건과 같이 탈퇴목사와 부목사들이 교회 대표자의 지위에 관하여 소송상 그 대표권을 부인하면서 그 전제로 탈퇴목사에 대한 면직·출교처분의 무효를 다투고 있는 경우 원심에서 면직·출교처분의 유·무효를 가려보아야 할 것인데, 원심에서 그 낭부를 심리 판단하지 아니한 채 이 처분이 유효함을 전제로 하여 탈퇴목사가 광성교회를 대표할 권한이 없다고 판시한 것은 적절하지 않다. 그러나 탈퇴목사에 대한 면직·출교처분을 무효라고 보기 어려운 이상, 원심이 이에 대하여 판단하지 아니하였더라도 판결의 결과에 영향을 미쳤다고는 할 수 없다.

원심은 이 소송은 교인총회 또는 재직회의 결의 없이 제기된 것으로 부적법 각하되어야 한다는 항변에 대하여, 광성교회 규약(2005.10.28. 개정되기 전의 것, 이하 '구 규약'이라 한다)은 기본 재산의 관리 또는 보존에 관하여 아무런 정함이 없고, 다만 부칙 제2호에서 '본회 규약의 미비한 점은 예수교 장로회 정치에 준한다.'고 규정하고 있으므로, 그에 따라 교회 소유 기본 재산의 관리 또는 보존에 관하여는 교단 헌법 제2편 정치에 규정된 조항이 적용된다고 전제한 뒤, 교단 헌법 제67조 제8호는 부동산에 관한 관리를 당회의 직무 권한으로 정하고 있으며, 이 규정은 동산에 관한 관리에도 유추 내지 준용된다고 보아, 교회가 2005.10.2. 당회를 개최하여 부동산 및 승용차 등의 명도를 구하는 소송을 제기하기로 결의한 이상 이 소송을 부적법하다고 볼 수 없다는 이유로, 이를 배척하였다. 이는 정당한 결정이다(대법원 2010.5.27. 선고 2009다67665,67672 판결).

3. 사찰의 사례

「전통사찰보존법」에 따라 문화공보부에 전통사찰로 등록되어 있고 독립한 사찰로서의 실체도 갖추어 권리능력 없는 재단으로 인정되는 사찰의 경우, 그 사찰 명의로 등기된 재산은 독립한 권리주체인 사찰의 소유인 것이지 그 사찰의 창건 또는 재산관리에 있어서 신도들이 기여한 바가 크다 하더라도 그것이 신도들의 총유 물로서 사찰에 명의신탁된 것으로 볼 수는 없다(대법원 1970.2.10. 선고 66누120, 121 판결 참조). 한편 「전통사찰보존법」에 의하여 전통사찰로 등록된 사찰의 재산에 대한 관리권은 그 사찰 주지에게 일임되어 있는 것이고, 특별한 사정이 없는 한 신도들의 단체인 신도회에 그 관리권이 있다고 볼 것이 아니다(대법원 1991.6.14. 선고 91다9336 판결).

봉선사의 말사(末寺)이었던 사찰이 6·25전쟁 중에 황폐화된 것을 신도들이 출연한 돈으로 다시 축조 중건하여 관할 관청에게 대한불교조계종의 사찰로 등록을 하였다. 대한불교조계종에서는 여러 차례에 걸쳐 사찰의 주지를 임명하여 파견하였으나, 신도들의 반대로 취임이 방해되어 오다가, 신도들이 대한불교조계종에서 탈퇴한다고 결의를 하고, 대한불교태고종으로 개종하여 대한불교태고종으로부터 사찰 주지가 임명되었다. 그러나 이 사찰은 종래부터 존재하여 오던 사찰의 재산을 기초로 한 사찰로서의 성격 즉 권리능력 없는 재단으로서의 성격을 가지고 있다. 비록 그 신도들이 그 사찰의 재산을 조성하는데 공헌을 하였다 할지라도 그 사찰의 재산은 신도와 승려의 총유에 속하는 것이 아니라 권리능력 없는 사찰 자체에 속한다. 동 사찰이 최초에 대한불교조계종에 가입하여 그 소속이 된 이상 소속 종단의 종헌에 따르지 아니하고 그 신도와 승려가 결합하여 그 소속 종단을 탈종하여 다른 종파로 개종하기로 결의하였다 하더라도, 이는 그 신도와 승려가 다른 종파의 신도가 되는 데에 그치고 권리능력 없는 재단인 사찰의 소속 종단이 변경되는 것은 아니다. 이러한 법리는 사찰을 불교단체로 등록한 근거법인 「구 불교재산관리법」이 폐지되었고, 동 사찰이 새로 시행된 「전통사찰보존법」의 적용을 받지 않는다고 하더라도 기왕에 형성된 법률관계에는 아무런 영향이 없다. 따라서 이 사찰 법당 및 요사 채는 탈종에도 불구하고 여전히 대한불교조계종 소속의 사찰에 속한다. 사찰을 창건 또는 중창한 사람이 사찰을 종단에 등록할 때에는 등록 종단에서 그 공로를 인정하여 사찰 창건주나 창건 사찰에 출연한 신도들이 추천한 승려를 주지로 임명하고 주지의 개임은 창건주의 자손들이 추천한 주지가 계속 그 법통을 이어나가는 관습이 있고, 만일 이와 같은 관습에 반하여 종단에서 자의로 주지를 임명한 경우에는 창건주 및 출연한 신도들의 결의에 의하여 탈종하여 타 종단에 개종할 수 있는 권리가 보류되어 있으며, 그러한 경위로 탈종을 한 경우 사찰의 재산은 등록이전의 상태로 원상회복되어야 한다고 주장한다. 이와 같은 관습이 존재한다는 사실은 상고심에 이르러 비로소 주장된 것으로서 적법한 상고이유가 될 수 없을 뿐만 아니라, 관습이 존재한다고 인정하기는 어려워 이를 인정할 수 없다(대법원 1994.12.13. 선고 93다43545 판결).

제5절 종교와 사회

1. 종교의 자유

1) 헌법상 권리

대한민국 「헌법」 제20조는 모든 국민은 종교의 자유를 가지며 국교는 인정되지 아니하며, 종교와 정치는 분리된다고 정하고 있다. 「헌법」 제20조 제1항은 "모든 국민은 종교의 자유를 가진다."라고 규정하고 있고, 이러한 종교의 자유에는 신앙에 대한 침묵을 뜻하는 소극적인 신앙고백의 자유와 자신의 종교적인 확신에 반하는 행위를 강요당하지 아니하는 소극적인 종교행위의 자유 및 종교교육의 자유 등이 포함된다. 종교의 자유는 양심의 자유 등과 더불어 우리 헌법이 최고의 가치로 상정하고 있는 도덕적·정신적·지적 존재로서의 인간의 존엄성을 유지하기 위한 기본조건이고 민주주의체제가 존립하기 위한 불가결의 전제로서 다른 기본권에 비하여 보다 고도로 보장되어야 한다(대법원 2010.4.22. 선고 2008다38288 전원합의체 판결).

2) 자유와 자율

「헌법」 제20조는 종교의 자유를 보장함과 아울러 정교분리의 원칙을 선언하고 있으므로, 종교의 자유에 속하는 종교적 집회·결사의 자유의 본질상 종교적 집회·결사의 자유를 실현하기 위하여 설립된 종교단체에 대하여는 그 조직과 운영에 관한 자율성이 최대한 보장되도록 하여야 하고, 따라서 종교단체가 그 단체 내부의 조직과 운영 및 규제를 위해 제정한 종헌의 경우에도 그 규율 내용의 자율성이 최대한 보장되어야 한다(대법원 2011.5.13. 선고 2010다84956 판결).

3) 자유의 침해

「헌법」상의 기본권은 제1차적으로 개인의 자유로운 영역을 공권력의 침해로부터 보호하기 위한 방어적 권리이지만 다른 한편으로 「헌법」의 기본적인 결단인 객관적인 가치질서를 구체화한 것으로서, 사법을 포함한 모든 법 영역에 그 영향을 미치는 것이므로 사인간의 사적인 법률관계도 「헌법」상의 기본권 규정에 적합하게 규율되어야 한다. 다만 기본권규정은 그 성질상 사법관계에 직접 적용될 수 있는 예외적인 것을 제외하고는 사법상의 일반원칙을 규정한 「민법」(제2조, 제103조, 제750조, 제751조) 등의 내용을 형성하고 그 해석기준이 되어 간접적으로 사법관계에 효력을 미치게 된다. 종교의 자유라는 기본권의 침해와 관련한 불법행위의 성립 여부도 위와 같은 일반규정을 통하여 사법상으로 보호되는 종교에 관한 인격적 법익침해 등의 형태로 구체화되어 논하여져야 한다(대법원 2010.4.22. 선고 2008다38288 전원합의체 판결).

4) 자유와 명예

(1) 헌법상 규정

우리 「헌법」 제20조 제1항은 “모든 국민은 종교의 자유를 가진다.”고 규정하고 있다. 종교의 자유에는 자기가 신봉하는 종교를 선전하고 새로운 신자를 규합하기 위한 선교의 자유가 포함된다. 선교의 자유에는 다른 종교를 비판하거나 다른 종교의 신자에 대하여 개종을 권고하는 자유도 포함된다. 그러나 종교적 선전과 타 종교에 대한 비판 등은 동시에 표현의 자유의 보호대상이 되는 것이기는 하나, 이 경우 종교의 자유에 관한 「헌법」 제20조 제1항은 표현의 자유에 관한 「헌법」 제21조 제1항에 대하여 특별규정의 성격을 갖는다할 것이므로, 종교적 목적을 위한 언론·출판의 경우에는 다른 일반적인 언론·출판에 비하여 고도의 보장을 받게 되고, 특히 그 언론·출판의 목적이 다른 종교나 종교집단에 대한 신앙교리 논쟁으로서 같은 종파에 속하는 신자들에게 비판하고자 하는 내용을 알리고 아울러 다른 종파에 속하는 사람들에게도 자신의 신앙교리 내용과 반대종파에 대한 비판의 내용을 알리기 위한 것이라면 그와 같은 비판할 권리는 최대한 보장받아야 하며, 그로 인하여 타인의 명예 등 인격권을 침해하는 경우에 종교의 자유 보장과 개인의 명예 보호라는 두 법익을 어떻게 조정할 것인지는 그 비판행위로 얻어지는 이익, 가치와 공표가 이루어진 범위의 광협, 그 표현방법 등 그 비판행위 자체에 관한 제반 사정을 감안함과 동시에 그 비판에 의하여 훼손되거나 훼손될 수 있는 타인의 명예 침해의 정도를 비교 고려하여 결정하여야 한다(대법원 2007.4.26. 선고 2006다87903 판결 등 참조).

(2) 표현의 자유 관련 판례

가. 사건의 전말

- 1986년 제71회 대한예수교장로회(합동) 총회에서는, A교회 등에 관하여 총신대학교 신학대학원('신대원') 교수회에 일임하여 연구한 후 그 결과를 기독신문에 게재하도록 하고, 이단으로 분류된 집단이 교단 산하 기관지에 기사나 광고를 게재할 수 없도록 하며, 이단에 속한 이들의 총신대학교 편입학을 금지시키는 결의를 하였다.
- 1991년 제76회 대한예수교장로회(통합) 총회에서는 A교회 등과 관련하여 연구보고서가 채택되었다. 이 보고서에는, A교회 관련자가 예수께서 죽으신 것은 하나님의 영이 아니기 때문이라고 주장하여 기독론적인 오류를 범하고, 하와가 뱀과 관계를 맺어 가인을 낳았다고 하는 등 통일교와 유사한 성적 모티브를 가졌고, 정통교리를 부정하는 경향이 있고, 관련 특정인을 신격화하는 것으로 볼 수 있다는 등 7개 항을 지적한다. A교회와 관련하여 기독 론·타락 론·계시 관·창조 론 등 각 측면에서 볼 때 이단성이 명백히 밝혀졌다는 취지의 내용이 포함되어 있고, 2004년 한국기독교 총연합회에서 발간한 책자에도 이교회를 주요 이단 교회에 포함시키고 있다.
- 1995년 제80회 합동교단 총회에서는 A교회 담임목사 등에 대하여 이단대책위원회에 조사를 맡기기로 결의하였고, 1996년 제81회 합동교단 총회에서는 A교회와 담임목사 등을 사이비 집단 내지 단체로 명시한 사례집 발간 및 집필계획을 결의하였고, 위 결의에 따라 1997. 5.경 그 교회를 한국의 대표적인 이단 교파 중의 하나로 명시하였다.
- 2002년경부터 A교회와 담임목사 등은 합동교단 가입을 추진하기로 결

정하고 합동교단 소속 서북노회에 이러한 의사를 알렸고, 서북노회측은 '서북노회 A교회 가입사실 확인 특별위원회'(이를 '특별위원회'라고 부른다)를 구성하였는데, 2005년 초경부터 이 교회의 합동교단 가입 추진 소식이 알려지자 합동교단 내에서 찬반논쟁이 활발하게 벌어졌다.

- 2005.5.24. 신대원 교수회에서 A교회와 담임목사 등의 이단성을 연구하기로 결정하고 연구위원회를 구성하였고, 같은 해 6.7. 하계 교수 세미나에서 연구위원회가 작성한 연구보고서를 제출받고 A교회와 담임목사 등이 이단성이 있다는 성명서를 기독신문에 게재하기로 결정하였고, 같은 달 8일 광고를 게재하였고, 그 후 신대원 교수회에서 3차례에 걸쳐 연구보고서를 추가 검토한 후 2005.8.31. 이 사건 보고서를 최종적으로 확정하고, 2005.9.12. 신대원 교수 일동 명의로 작성된 이 보고서를 신대원 학생들에게 배포하였다.
- 특별위원회는 A교회와 담임목사 등의 교리에 이단성이 없다고 판단하고 2005.6.21. 임시노회를 개최하여 A교회의 서북노회 가입 안건을 통과시키고, 2005.7.10. 특별위원회 명의로 'A교회 원로목사의 이단성 여부에 관한 보고서'를 발표하였고, 2005.9.26. '총신교수회 연구보고서에 대한 반론'이라는 보고서를 작성하여 공개하였으며, 이에 연구보고서 관련자들은 합동교단 총회가 진행 중이던 2005.9.28. 비판 서를 작성하여 이 총회에 참석 중이던 대의원 등에게 배포하였다. 연구보고서 관련자들은 보고서 등을 작성함에 있어 '씨앗 속임' 설교 녹취록, '말씀의 승리가', 'The Step to the Word', '총회질의서에 대한 답변서', '월경하는 여인의 입장에서 탈출하자', '말씀이 인격화한 사람', '왜 아담을 흙으로 창조했나?', '가인의 소속과 가인은 누구의 씨인가?', '헵씨바', '대성', '평강의 소식', '참 평안' 등 평강교회 측이 작성한 책자 등과 그 밖에 이단성에 관한 수십 편의 논문 등을 검토하였는데, 평강교회 및 교회 소속 목사의 최근 설교 내용은 참고하지 않은 것으로 보인다.
- 기독신문사는 합동교단 유지재단 산하 기관이고, 2005.6. 기준으로 기독신문의 주된 구독자는 교단 산하 목사와 장로이고 교단 내 배포가 99% 이상이며, 2005.6.8.자 기독신문 광고문은 인터넷에 게재되지 않

않고, 현재도 기독신문은 인터넷에 광고를 게재하지 않고 있다. 합동교단은 2005.9.27.부터 같은 달 31일까지 대전 중앙교회에서 A교회의 합동교단 가입승인 문제 등을 안건으로 하는 임시총회를 개최하였는데, 임시총회에서 연구보고서 작성자들의 평강교회에 대한 연구 결과를 합동교단의 공식 입장으로 수용하고 평강교회의 서북노회 가입을 철회하도록 하는 내용의 결의가 이루어졌다.

나. 소송의 내용

A교회는 정통기독교계에서 이단성이 있다고 주장되고 있었다. A교회에 대하여는 수십 년 전부터 이단 시비가 있었고 교회의 운전기사가 이단성을 문제 삼은 사람을 살해하는 사건이 발생하였다. 이와 관련하여 신학자 등이 A교회를 비판하는 보고서를 배포함에 따라 A교회에 의하여 명예훼손혐의로 소송이 제기되었다. 이 비판보고서는 근거자료로서 일부 신빙성이 없거나 부적절한 자료들을 사용하였다.

다. 원심판결

이에 대하여 법원은 일반적인 언론·출판의 자유와는 달리 다른 종교나 종교집단을 비판할 수 있는 종교의 자유는 최대한 보장되어야 한다는 점을 들어, 신학자 등이 보고서의 주요 내용들이 진실이라고 믿었고 또 그렇게 믿을 만한 상당한 이유가 있는 경우 문제가 없다고 결정하였다. 즉 신학자 등이 보고서에서 진실한 내용이라고 단정하기는 어려운 사실들을 제시하고 다소 과장되고 부적절한 표현을 사용하였을 뿐 아니라 명예를 침해하는 내용을 다소 포함하고 있다고 하더라도 이는 신앙의 본질적 내용으로서 최대한 보장받아야 할 종교적 비판의 표현행위에 해당한다는 것이다.

또한 신학자 등이 A교회의 교리에 관하여 연구하여 보고서를 작성한 후 신학대학원 학생들을 대상으로 보고서를 배포하고 자신들이 속해 있는 교단의 총회에서 보고서를 배포한 행위는 학문의 자유 및 교수의 자유에 의해 보호되어야 한다고 판단하였다.

그러나 신학자 등이 광고를 게재한 행위에 관하여는 문제가 있다고 판단하였다. 그 이유는 신학자 등이 광고를 게재할 무렵에 A교회 및 그 교회 소속 목사가 행하고 있던 설교 내용 등의 자료를 제대로 참조하지 아니한 채 이들이 이단임을 단정하는 내용의 광고를 불특정 다수가 구독하는 기독신문에 게재한 점, 신학자 등이 보고서로 작성하여 배포하기 전에 이미 광고를 통하여 이단이라고 공개적으로 알린 점, 그 시점이 A교회가 교단에 가입하기 위하여 가입 의사를 밝혀 A교회의 이단성을 검증하고 있는 등 교단 내에서 이단성 검증에 관한 정당한 절차가 상당 정도 진행되고 있었던 상황인 점, 신문의 광고물은 그 매체의 특성상 전파력이 높아 보고서보다 명예훼손의 정도가 중하다고 보이는 점 등을 종합하여 볼 때, 헌법이 허용한 종교 비판의 자유의 한계를 넘는 위법한 행위이고, 학문의 자유나 교수의 자유에 의해 보호되는 범위 내의 행위라고 보기 어렵고 판단하였다.

라. 대법원의 판단

연구보고서 작성자들이 A교회 및 교회 소속 목사의 최근 설교 내용을 참조하지 않았고, 광고 등의 게재·배포 당시 합동교단 내에서 이단성 검증 절차가 진행 중이었고, 합동교단 내에 이미 이단성에 관한 검토 자료가 상당히 축적되어 있었고, 2005.5.24. 신대원 교수회에서 연구위원회를 구성하고 2005.6.7. 세미나에서 연구위원회의 연구보고서를 제출받아 검토 후 광고를 게재하기로 결정하였고, 그로부터 약 2개월 후에 완성된 보고서와 광고의 주요 내용에 있어서 별다른 차이가 없는바, 제대로 연구·검토를 하지 않은 채 성급하게 광고를 게재한 것으로는 보이지 않는 점, 기독신문의 99% 이상이 교단 내에 배포되므로 불특정 다수의 일반인이 구독하고 있다고 볼 수 없는바, 비록 이 광고의 배포 범위가 보고서·비판서보다는 넓다고 하더라도 그러한 사유만으로 양자의 위법성을 달리 보기는 어려운 점, 평강교회 등의 설교, 발표문, 그 밖의 여러 논문들을 충분히 참조한 것으로 보이고, 교단 내에서 이단성 검증 절차가 진행된다는 사정만으로 종전에 허용되던 종교 비판의 자유의 한계가 갑자기 제한되는 것은 아닌 점, 서북노회에서 A교회 등을 옹호하면서 합동교단 가입을 강력하게 추진하는 상황이었으므로, 이에 반대하는 입장에서는 적극적인 이단 논쟁을 제기할 필요가 있었고, 실제로 그 후 합동교단 총회에서 연구 결과를 공식 입장으로 수용한 점 등을 종합하면, 이 광고 게재행위의 위법성에 관하여 이 보고서·비판서 작성·배포행위의 위법성과 달리 볼 합리적인 이유가 없고, 연구

보고서 등의 지위, 비판행위로 얻어지는 이익, 가치와 공표가 이루어진 범위의 광협, 그 표현방법 등 그 비판행위 자체에 관한 제반 사정과 그 비판에 의하여 훼손되거나 훼손될 수 있는 평강교회 등의 명예 침해의 정도 등에 비추어 비록 그 표현에 다소 과장되고 부적절한 표현을 사용한 점이 있다 하더라도 이 보고서·비판서의 작성·배포행위가 종교적 표현행위로서 위법성이 없다고 본 것과 동일한 이유에서 이 광고 게재행위 역시 위법성이 없다고 봄은 타당하다고 보았다. 결국 명예훼손에 관한 A교회의 입장은 부인되었고 상고는 모두 기각하였다(대법원 2010.9.9. 선고 2008다84236 판결).

2. 종교의 교육

1) 사법부 입장

우리나라는 대도시 및 주요도시를 중심으로 고등학교 평준화정책을 시행하고 있다. 고등학교 평준화정책은 일정 지역에 거주하는 학생들을 학교군별로 추첨을 통하여 학교에 강제로 배정하는 방법으로 실시되고 있다. 학생은 「헌법」 제31조 제1항 및 제10조에 의하여, 그 부모는 혼인과 가족생활을 보장하는 「헌법」 제36조 제1항 및 제10조 등에 의하여 사립학교 선택권을 갖는 것이 원칙이고, 이러한 사립학교 선택권은 학생 인격의 자유로운 발현과 부모의 자녀에 대한 교육권을 보장하는 수단이 되는 데 그 의의가 있다. 사립학교 역시 사학의 자유에 의하여 학생 선발권을 가진다. 그런데 위와 같은 평준화 정책 및 그로 인한 강제배정으로 인하여 학생의 사립학교 선택권과 사립학교의 학생 선발권이 제한되었다. 그러나 「헌법」 제31조 제1항은 능력에 따라 균등하게 교육을 받을 권리를 국민의 기본권으로 보장함으로써 이를 실현할 의무와 책임을 국가가 부담하도록 하여 공교육체계를 교육제도의 근간으로 하고 있다. 또한 「헌법」 제31조 제6항이 선언하고 있는 교육제도 법률주의는 국가의 백년대계인 교육이 일시적인 특정 정치 세력에 의하여 영향을 받거나 집권자의 의도에 따라 수시로 변경되는 것을 예방하고 장래를 전망한 일관성이 있는 교육체계를 유지·발전시키기 위하여 교육제도 등에 관한 기본적인 사항을 법률로 정하도록 하고 있다(헌법재판소 2000.3.30. 선고 99헌바14 결정 등 참조). 이에 따라 예외적인 일부를 제외한 대부분의 사립 고등학교는 교원, 교육내용, 교과용 도서의 사용, 학교에 대한 공적 지도·감독 등 학교에 관한 사항에 관하여 국·공립학교와 구분 없는 동일한 규율을 받고(초·중등교육법 제19조, 제23조, 제29조, 제63조, 제64조, 제65조 등), 국가로부터 학교의 기본적 운영을 위한 재정결함보조금과 교육활동을 위한 기타보조금 등의 재정지원을 받는 등으로 공교육체계 내에 편입되어 있다.

공교육체계 내에서 학생에 대한 교육은 집단적인 학교교육을 중심으로 이루어지게 되므로 다양한 가치관과 능력·적성을 가진 학생들이 그에 알맞은 교육을 받을 권리는 현실적인 한계뿐만 아니라 학교교육이라는 제도적인 이유로 인하여 제한될 수밖에 없다. 거기에다가 현재 우리나라 고등학생의 절반가량이 사립학교에 다니고 있을 정도로 우리나라 교육체계 내에서 사립학교가 차지하는 비중이 크므로, 국·공립학교를 더 많이 신설하지 않는 이상 사립학교에게 학생 선발권을 전면적으로 부여하기 어렵고, 사립학교가 학생 선발권을 가진다 하여도 학생 또한 학교 선택권을 가지게 됨에 따라 상당수의 사립학교가 정원 확보에 실패할 수 있음에도 사립학교가 공교육체계에 편입되어 있는 이상 그러한 사립학교에 대하여 재정지원을 하지 않을 수 없다. 그러나 이러한 국·공립학교의 다수 신설과 사립학교에 대한 현재보다 더 많은 지원은 모두 현재의 교육재정상 현실적이지 않다. 즉 이러한 공교육체계 내에서는 교육의 확대와 기회균등이라는 국가 교육목표 달성을 위하여 불가피한 범위 내에서 학생과 학교 모두의 교육에 관한 기본권은 제한될 수 있고 그러한 기본권에 포함되는 학생의 사립학교 선택권과 그 이면에 있는 사립학교의 학생 선발권 또한 제한될 수밖에 없다(대법원 2010.4.22. 선고 2008다38288 전원합의체 판결).

사립학교의 설립자 및 학교법인은 일반적인 행동의 자유를 보장하는 「헌법」 제10조, 국민의 교육을 받을 권리를 규정하고 있는 「헌법」 제31조 제1항 그리고 교육의 자주성·전문성·정치적 중립성 등을 규정하고 있는 「헌법」 제31조 제4항 등에 의하여 인정되는 기본권으로서 자신의 의사와 재산으로 독자적인 교육목적을 구현하기 위하여 학교를 설립하고 이를 운영할 자유를 가진다(대법원 2007.5.17. 선고 2006다19054 판결 등 참조). 이러한 설립자나 학교법인이 가지는 사학 운영의 자유에는 설립자나 학교법인의 종교적·세계관적 교육이념에 따라 교과과정을 자유롭게 형성할 자유가 당연히 포함되므로 종교단체가 설립한 사립학교 즉 '종립학교'에서 종교행사 및 종교과목 수업을 할 자유는 종교의 자유뿐만 아니라 사학의 자유라는 관점에서도 일반적으로 보장되어야 한다(대법원 2010.4.22. 선고 2008다38288 전원합의체 판결).

그러나 평준화정책이 시행되는 지역에 거주하는 학생은 자신의 신앙 또는 무 신앙에 따라 자유로이 사립학교를 선택할 권리를 가지지 못하고, 자신과 다른 종교를 건학이념으로 하는 종립 고등학교로 진학할 수도 있게 된 반면, 종립 고등학교 역시 자신과 동일한 종교를 가진 학생만을 선발하지 못하고, 신앙을 가지지 아니한 학생들이나 나아가서는 학교와는 다른 종교를 가진 학생까지도 배정받지 않을 수 없게 되었다. 그러나 사립학교가 공교육체계에 편입되었고 평준화정책이 실시되었다고 하더라도 그로 인하여 학교법인의 사학의 자유가 근본적으로 박탈된다고 볼 것은 아니므로 종립학교는 여전히 종교행사 및 종교과목 수업을 할 자유를 가지고, 학생 역시 종립학교에 진학하게 되었다고 하더라도 종교의 자유를 완전히 잃게 되는 것은 아니므로 여전히 자신의 의사에 반한 종교행사 및 종교과목 수업을 거부할 자유를 가진다고 볼 것이다. 이와 같은 공교육체계의 헌법적 도입과 우리의 고등학교 교육 현실 및 평준화정책이 고등학교 입시의 과열과 그로 인한 부작용을 막기 위하여 도입된 사정, 그로 인한 기본권의 제한 정도 등을 모두 고려한다면 고등학교 평준화정책에 따른 학교 강제배정제도에 의하여 학생이나 학교법인의 기본권에 일부 제한이 가하여진다고 하더라도 그것만으로는 이 제도가 학생이나 학교법인의 기본권을 본질적으로 침해하는 위헌적인 것이라고까지 할 수는 없다. 그렇지만 이로써 학생들이 신앙에 따른 자유로운 선택을 하지 못한 채 강제배정 된 학교로 입학하게 되고, 종립학교가 그 학생들을 상대로 자유로운 참가를 보장하지 아니하고 종교적 중립성이 유지된 보편적인 교양으로서의 종교행사 및 종교과목 수업의 범위를 넘어서서 학교의 설립이념이 된 특정의 종교교리를 전파하는 이른바 '종파교육' 형태의 종교행사 및 종교과목 수업을 실시한다면, 그 특정 종교와 다른 종교를 가지거나 종교를 가지지 아니한 학생들은 자신들이 이를 원하는 경우를 제외하고는 그 종교행사 및 종교과목 수업에 강제로 참여할 수밖에 없게 되고 전학을 가는 등의 특별한 조치 없이는 이를 면할 길이 없으며, 참여한 후에도 그 특정 종교를 신앙으로 가진 학생과는 달리 적극적으로 호응할 수 없게 된다는 문제가 생긴다. 즉 이와 같은 교육제도가 위헌이 아니라고 하더라도 여전히 학교가 가지는 종교행사 및 종교과목 수업의 자유 및 운영의 자유와 학생들이 가지는 소극적 종교행위의 자유 및 소극적 신앙고백의 자유 사이에 충돌이 생기게 되는 것이다. 이와 같이 하나의 법률관계를 둘러싸고 두 기본권이 충돌하는 경우에는 구체적인 사안에서의 사정을 종합적으로 고려한 이익형량과 함께 양 기본권 사이의 실제적인 조화를 꾀하는 해석 등을 통하여 이를 해결하여야 하고(대법원 2006.11.23. 선고 2004다50747 판결, 대법원 2009.1.15.자 2008그202 결정 등 참조), 그 결과에 따라 정해지는 양 기본권 행사의 한계 등을 감안하여 그 행위의 최종적인 위법성 여부를 판단하여야 한다. 학생이 가지는 소극적 종교행위의 자유 및 소극적 신앙고백의 자유는 부작위에 의하여 자신의 종교적 신념을 외부로 표현하고 실현하는 기본권이라는 점에서(대법원 1982.7.13. 선고 82도1219 판결, 대법원 2004.7.15. 선고 2004도2965 판결 참조) 학교법인이 가지는 종교행사 및 종교과목 수업의 자유와의 사이에서 위계질서를 논하기는 어려우며 양자의 기본권 모두 인격적 가치 및 자유권적 가치를 가지므로 추상적인 이익형량만으로는 우선하는 기본권을 정할 수 없다.

「헌법」상 기본권의 행사는 국가공동체 내에서 타인과의 공동생활을 가능하게 하고 다른 헌법적 가치 및 국가의 법질서를 위태롭게 하지 않는 범위 내에서 이루어져야 한다는 점에서 충돌하는 기본권 모두 최대한으로 그 기능과 효력을 유지할 수 있는 조화점이 모색되어야 한다. 이는 「헌법」과 법률의 규정 및 그로부터 도출되는 기본권 행사의 한계, 그러한 한계 설정으로 인한 기본권 제약의 정도가 필요 최소한에 그치는지 등을 종합적으로 고려함으로써 이루어질 수 있다. 그런데 우리 「헌법」 제31조 제6항은 교육제도 법률주의를 선언하면서 「헌법」 스스로 학교법인의 기본권이 교육의 공공성이라는 헌법적 가치나 학생의 학습권이라는 기본권을 구체화한 법률에 의하여 제한될 수 있음을 밝히고 있다. 그리고 이와 같은 「헌법」 규정에 터 잡아 제정된 「교육기본법」 제12조 제1항은 "학생을 포함한 학습자의 기본적 인권은 학교교육 또는 사회교육의 과정에서 존중되고 보호된다."고 규정하여 학교법인의 기본권은 학생의 기본권이 존중되어야 하는 한도에서 한계를 가질 수 있음을 보여 준다. 「교육법」(1997.12.13. 법률 제5437호 교육기본법 부칙 제2조로 폐지된 것) 제155조 제1항을 근거로 제정되어 이 사건 당시 시행되던 교육부고시 제1997-15호(이후 교육부고시 제2004-85호로 그 내용이 그대로 이어졌다. 이하 '이 사건 교육부고시'라 한다)가 "학교가 종교과목을 부과할 때에는 종교 이외의 과목을 포함, 복수로 과목을 편성하여 학생에게 선택의 기회를 주어야 한다."라고 규정하여, 종립학교가 정규과목으로서의 종교과목을 부과하는 경우 그와 다른 선택과목을 편성하도록 함으로써 신앙을 가지지 않은 학생들이나 학교법인과 다른 종교를 가진 학생들에 대하여 종교행사 및 종교과목 수업을 할 자유를 상당히 제한하고 있는 것 역시 학교 강제배정제도 아래서의 학생의 기본권과 학교법인의 기본권을 조화하기 위한 방책으로 마련된 것이라고 할 것이다. 그러나 학교 강제배정제도로 인하여 학교법인의 기본권만 제한되어야 하는 것은 아니다. 즉 사립학교는 독자적인 건학이념을 실현하기 위하여 설립되는 것이고 종립학교의 건학이념은 특정한 종교의 교리를 전파하는 것이라고 할 수 있으며, 선교의 자유의 일종인 종교행사 및 종교과목 수업의 자유는 종립학교와 다른 종교를 가진 학생들이나 신앙을 가지지 아니한 학생들을 상대로 특정 종교를 선전하고 전파하는 자유를 당연히 포함하고 있으므로, 이러한 종립학교에 대하여 평준화정책이 합헌이고 학생들이 강제로 배정되었다는 이유로 종교행사 및 종교과목 수업을 제한하는 것은 종립학교의 종교행사 및 종교과목 수업의 자유나 운영의 자유를 중대하게 침해하는 것이라고 볼 수 있으며, 학교교육은 학생의 창의력 개발 및 인성 함양을 포함한 전인적 교육을 중시하여 이루어져야 하고(교육기본법 제9조 제3항), 종교행사 및 종교과목 수업 역시 학생들의 올바른 심성과 가치관을 기르는 데에 도움이 될 수 있으므로, 종립학교가 종파교육 형태의 종교행사 및 종교과목 수업을 실시한다고 하여 그 자체만으로 바로 강제로 배정된 학생들에 대한 관계에서 학교법인의 종교행사 및 종교과목 수업의 자유나 사학의 자유의 한계를 넘은 것이라고 단정할 수는 없을 것이다. 한편 학생의 소극적 종교행위의 자유 및 소극적 신앙고백의 자유도 외부로 표현되는 실현 과정에서 다른 법익과 충돌한다면 제한이 수반될 수 있으므로, 학생 또한 피교육자의 입장에서 올바른 인성을 함양하고 민주 시민으로서 필요한 자질을 기르기 위하여 앞서 본 한계 내에서 실시되는 종교행사 및 종교과목 수업을 용인하여야 한다. 다만 종립학교와 학생의 기본권 모두 일정 한도에서 제한이 될 필요가 있다고 하더라도 종립학교의 종교행사 및 종교과목 수업을 할 자유는 독립한 기본권의 주체인 학생들에 대하여 영향을 미치기 위한 것인 반면 학생의 종교행사 및 종교과목 수업을 거부할 자유는 소극적으로 자신의 권리를 지키기 위한 것인 점, 종립학교의 종교행사 및 종교과목 수업이 비판의식이 성숙되지 않은 학생에게 일방적으로 주입되는 방식으로 행하여진다면 그 자체로 교육 본연의 목적을 벗어났다고 볼 소지가 높은 점, 그로 인하여 학생이 입게 되는 피해는 지속적이고 치유되기 어려울 것이라는 점들을 고려한다면 종립학교와 학생 사이의 관계에 있어서 학생의 법익이 보다 두텁게 보호될 필요가 있다.

아울러 앞서 본 고등학교 평준화정책의 목적과 그 불가피성 및 그로 인한 학교 강제배정제도의 시행으로 종립학교는 학생 선발권을 가지지 못하더라도 그 반면에 학생들을 강제로 배정받아 정원을 확보하여 경영을 정상화할 수 있고 나아가 교세를 확장할 수도 있으며 종교행사 및 종교과목 수업을 거부하지 아니하는 학생들에게 종교행사 및 종교과목 수업을 실시하는 등의 방법으로 제한된 범위 내에서 종교의 자유 및 운영의 자유를 누릴 여지가 있기도 하나, 종립학교로 진학하게 된 학생은 국·공립학교 등 종교행사 및 종교과목 수업을 실시하지 아니하는 학교에 배정된 것에 비하여 그 배정으로 인하여 누리는 특별한 이익이 거의 없다는 점도 고려되어야 한다(대법원 2010.4.22. 선고 2008다38288 전원합의체 판결).

그러므로 이 사건에서 대립하는 양 법익의 가치와 보호목적 등을 모두 고려하여 양 법익 행사에 있어서 실제적인 조화를 실현하려면, 먼저 이러한 고등학교 평준화정책 및 교육 내지 사립학교의 공공성, 학교법인의 종교의 자유 및 운영의 자유가 학생들의 기본권이나 다른 헌법적 가치 앞에서 가지는 한계를 고려하여야 한다. 그리고 종립학교에서의 종교행사 및 종교과목 수업은 필요하고 또한 순기능을 가진다는 것을 간과하여서는 아니 되나 한편으로 종교행사 및 종교과목 수업으로 인하여 학생들이 입을 수 있는 피해는 그 정도가 가볍지 아니하며 그 구제수단이 별달리 없음에 반하여 학교법인은 제한된 범위 내에서 종교의 자유 및 운영의 자유를 실현할 가능성이 있다는 점도 역시 고려하여야 한다. 이러한 점을 모두 감안한다면 비록 학교법인이 국·공립학교의 경우와는 달리 종교행사 및 종교과목 수업을 할 자유와 운영의 자유를 가진다고 하더라도, 그 종립학교가 공교육체계에 편입되어 있는 이상 원칙적으로 학생의 종교의 자유, 교육을 받을 권리를 고려한 대책을 마련하는 등의 조치를 취하는 속에서 그러한 자유를 누린다고 해석하여야 할 것이다.

그리하여 종립학교가 고등학교 평준화정책에 따라 학생 자신의 신앙과 무관하게 입학하게 된 학생들을 상대로 종교적 중립성이 유지된 보편적인 교양으로서의 종교행사 및 종교과목 수업의 범위를 넘어서서 학교의 설립이념이 된 특정의 종교교리를 전파하는 종파교육 형태의 종교행사 및 종교과목 수업을 실시하는 경우에는 그 종교행사 및 종교과목 수업의 구체적인 내용과 정도, 종교행사 및 종교과목 수업이 일시적인 것인지 아니면 계속적인 것인지 여부, 학생들에게 그러한 종교행사 및 종교과목 수업에 관하여 사전에 충분한 설명을 하고 동의를 구하였는지 여부, 종교행사 및 종교과목 수업에 대한 학생들의 태도나 학생들이 불이익이 있을 것을 염려하지 아니하고 자유롭게 대체과목을 선택하거나 종교행사 및 종교과목 수업에 참여를 거부할 수 있었는지 여부 등의 구체적인 사정을 종합적으로 고려하여 사회공동체의 건전한 상식과 법 감정에 비추어 볼 때 용인될 수 있는 한계를 초과한 종교행사 및 종교과목 수업이라고 보이는 경우에는 위법성을 인정할 수 있다(대법원 2010.4.22. 선고 2008다38288 전원합의체 판결).

2) 대법원 판례

종교가 없는 한 학생이 평준화에 따른 학교 강제배정에 따라 기독교 정신을 건학이념으로 하여 설립·운영하는 대광학원의 대광고등학교에 입학하였다. 대광고등학교에서는 수업이 있는 매일 아침에 담임교사의 입회 아래 5분 정도 찬송과 기도 등을 실시하는 경건 회 시간을 가졌고, 매주 수요일 정규 교과시간에 강당 등에서 1시간가량 찬송과 목사의 설교, 기도 등을 하는 수요예배를 진행하였다. 이 학생은 입학 이후부터 경건 회 시간 및 수요예배에 참석하였다. 학교는 학생들에게 매년 3박 4일에 걸쳐 합숙하면서 각종 기도와 성경읽기 등을 하는 생활관 교육을 받게 하였고, 부활절에는 정규 교과시간에 부활절 예배를 진행하였으며 그로부터 3일간 정규 수업시간 일부로 심령수양회라는 시간을 편성하여 설교 및 기도 등을 진행하였다. 또한 매년 반별 성가대회를 개최하였고 추수감사절에도 정규수업 대신 감사예배를 진행하였으며 성탄절에는 학생들을 교회에 출석하도록 하였다. 이 학생도 2003년에 생활관 교육, 부활절 예배, 성가대회, 추수감사절 예배에 참석하였고 성탄절에는 교회로 출석하였다. 대광고등학교는 이와 같은 종교행사를 거행함에 있어 학생들에게 자율적 참여를 보장하지 않고 동의를 구하지도 않은 채 학생들이 경건 회 시간에 참석하지 아니하면 지각으로 처리하고 주의를 주기도 하였으며 수요예배가 있을 때에는 교사들이 학급을 돌아다니며 참석하지 않는 학생이 있는지 확인하여 참석하지 않는 학생들에게는 청소를 시키는 등 불이익을 주고 성탄절에 교회에 출석하였는지 여부를 확인하기도 하였다.

이 학생은 2002년 1학기말 학생회 부회장 선거에 출마하면서 '교회에 1년 이상 다녀야 한다.'는 학생회 회칙상의 자격요건을 시정하여 줄 것을 교목교사에게 건의한 적이 있고, 2002년 말과 2004년 초경에는 교목 및 담임교사에게 예배참가에 대한 거부감을 표시하였으나 교사들로부터 자중하고 학교방침에 따르라는 취지의 답변을 들었을 뿐이고 학교의 정책에는 아무런 변화가 없었다.

대광고등학교가 실시한 종교행사는 보편적인 교양으로서의 종교행사 및 종교과목 수업이 아니라 기독교라는 특정 종교의 교리를 기도와 설교, 찬송 등의 방법으로 전파하는 종파적인 행사이다. 그럼에도 학교는 이에 참석하지 아니하는 학생들에게 일정한 불이익을 줌으로써 참석을 거부하는 것이 사실상 불가능한 분위기를 조성하여 아무런 신앙을 갖지 아니한 그 학생이 그러한 행사에 대한 참가 여부를 자유로운 상태에서 결정할 수 없도록 하였다. 이는 신앙을 가지지 아니한 이 학생의 기본권을 고려한 처사라고 보기 어렵다. 또한 대광고등학교가 이 학생에게 종교행사의 내용과 방식에 대하여 사전에 어떠한 설명을 하거나 동의를 받는 등의 조치를 취하지 않고 심지어는 수차례에 걸친 이의가 있었음에도 별다른 조치 없이 계속하여 기독교 교리에 입각한 여러 종류의 종교행사를 오랜 기간 동안 빈번하게 반복하여 실시한 행위는 그러한 종교행사가 학생의 올바른 심성 함양에 도움이 된다는 점을 고려하더라도 그 학생에 대한 관계에서는 종립 학교에서 허용되는 종교행사의 한계를 넘은 것으로 보지 않을 수 없다. 비록 그 학생이 입학 당시 기독교 교육과 함께 모든 교과교육을 충실히 받겠다고 선서하거나 일시적으로 종교행사에 적극적으로 참여한 바 있다고 하더라도, 이러한 사정을 들어 입학 이후 이루어질 다양한 종교행사의 내용과 방식을 충분히 이해한 후 자유로운 상태에서 종교행사 참가에 포괄적으로 동의한 것으로 볼 수는 없으며, 오히려 그 학생이 수차례 종교행사 등에 대하여 부정적인 의견을 밝혀 왔던 점, 성년에 이르지 못한 고등학생으로 학교의 교육방침에 대하여 일일이 명시적인 반대 의사를 밝히는 것이 우리의 교육현실에서 용이하지 아니할 것이라는 점 등을 고려하면, 이와 달리 볼 것이 아니다.

대광고등학교는 주당 1시간씩 정규 수업으로 종교과목을 부과함에 있어 대체과목을 편성하지 아니하였고, 그 수업시간에 기독교 경전인 성경을 읽고 그에 관한 토론 등을 진행하였으며 학생들에게 십계명이나 사도신경을 써오도록 과제를 부과하였고, 학생의 생활기록부에 그 종교과목 이수에 대한 교사의 평가의견을 기재하였다. 이와 같이 대광고등학교가 실시한 종교과목 수업은 기독교 교리에 입각한 종파교육이라고 할 것인데 그럼에도 학교가 교육부고시와는 달리 대체과목을 개설하지 아니함으로써 학생들에게 선택의 기회를 부여하지 않았고 실질적인 참가의 자율성도 보장하지 아니하였으며 사전 동의조차 얻지 아니하였다는 점에서 비록 학교에서 제공하는 교육과정은 교원 수, 학급 수, 시설 등 학교의 현실적인 조건을 고려하여 운영될 수밖에 없다 하더라도, 이와 같은 종교과목 수업 진행이 종파교육을 실시함에 있어 이 학생의 종교의 자유라는 기본권으로 말미암아 생기는 한계를 고려하여 이루어진 조치라고 보기는 어렵다. 이는 대광고등학교가 종교과목에 대하여 별도의 시험평가를 실시하지 아니하였다거나 이 학생이 학교에 대하여 명시적으로 종교과목 수업에 관한 거부의 의사를 표시한 바 없다 하더라도 달리 볼 것이 아니다.

이러한 사정을 종합하여 보면, 결국 대광학원이 시행한 종교행사 및 종교과목 수업은 우리 사회의 건전한 상식과 법 감정에 비추어 용인될 수 있는 한계를 벗어난 것으로 이 학생의 종교에 관한 인격적 법익을 침해하는 위법한 행위라고 보지 않을 수 없다. 그리고 강제배정으로 입학한 학생들 모두가 대광학원과 동일한 종교를 가지고 있지는 않을 것이라는 점은 경험칙 상 분명하므로, 이와 같은 형태의 종교행사 및 종교과목 수업을 실시할 경우 그로 인하여 인격적 법익을 침해받는 학생이 있을 것이라는 점은 충분히 예견가능하고 그 침해는 회피가능하다고 할 것이어서 과실 역시 인정된다. 나아가 이로 인하여 대광학원의 건학이념과 같은 종교를 가지지 않은 학생이 정신적으로 고통을 받았음은 분명하다고 추정할 수 있다(대법원 2010.4.22. 선고 2008다38288 전원합의체 판결).

학생에 대한 징계가 징계대상자의 소행, 평소의 학업 태도, 개전의 정 등을 참작하여 학칙에 정한 징계절차에 따라서 징계위원들이나 징계권자의 자율적인 판단에 따라 행하여진 것이고, 실제로 인정되는 징계사유에 비추어 그 정도의 징계를 하는 것도 무리가 아니라고 인정되는 경우라면, 비록 그 징계양정이 결과적으로 재량권을 일탈한 것으로 인정된다고 하더라도 이는 특별한 사정이 없는 한 법률전문가가 아닌 징계위원들이나 징계권자가 징계의 경중에 관한 법인세법시행령의 해석을 잘못한 데 기인하는 것이라고 보아야 하므로, 이러한 경우에는 징계의 양정을 잘못한 것을 이유로 불법행위책임을 물을 수 있는 과실이 없다(대법원 1997.9.9. 선고 97다20007 판결 등 참조). 그러나 학교가 그 징계의 이유로 된 사실이 퇴학 등의 징계처분의 사유에 해당한다고 볼 수 없음이 객관적으로 명백하고 조금만 주의를 기울이면 이와 같은 사정을 쉽게 알아 볼 수 있는데도 징계에 나아간 경우와 같이 징계권의 행사가 우리의 건전한 사회통념이나 사회상규에 비추어 용인될 수 없음이 분명한 경우에 그 징계는 그 효력이 부정됨에 그치지 아니하고 위법하게 상대방에게 정신적 고통을 가하는 것이 되어 그 학생에 대한 관계에서 불법행위를 구성하게 된다(대법원 2004.9.24. 선고 2004다37294 판결 등 참조).

대광고등학교 학칙은 성행이 불량하여 개전의 가망이 없다고 인정된 자, 정당한 이유 없이 무단결석이 수업일수의 3분의 1 이상인 자, 학생 본분에 어긋나는 집단적 행동으로 수업을 고의적으로 방해한 자, 특별교육을 이수하였음에도 동일한 내용의 교칙을 위반한 자에 대하여 퇴학처분을 할 수 있다고 규정하고 있다. 학칙의 위임에 따라 징계기준을 정한 대광고등학교 학생선도규정은 교사에게 불손한 반항을 하거나 폭력을 가한 학생에 대하여 학교 내 봉사·특별교육 이수·퇴학처분을 할 수 있다고 규정하고 있다. 그런데 이 학생선도규정에서 교사에게 불손한 반항을 하거나 폭력을 가한 학생에 대해서는 마치 개전의 가망이 있는지 여부를 묻지 않고 퇴학처분을 할 수 있는 것처럼 규정하고 있다 하더라도 이는 학칙의 위임에 따라 제정된 것이므로, 상위규범인 학칙에서 정한 데에 따라 학생이 교사에게 불손한 반항을 하거나 폭력을 가하였음을 징계사유로 한 경우에도 그에 따른 퇴학처분은 학생에게 개전의 가망이 없다고 인정된 때에만 가능하다고 해석하여야 할 것이다.

학생은 담임교사에게 불손한 반항을 하였고, 교내 급식과 관련하여 학교의 명예를 실추한 사건에 대한 가중처벌이 필요하며, 학교 공동 기물을 무단으로 사용하였고, 학생회장 신분으로 학생들을 선동하였다는 등의 징계사유로 퇴학처분을 받았다. 그러나 학생과 대광학원 사이의 법원의 퇴학처분 무효 확인 소송에서 교사에게 불손한 반항을 하였다는 것 이외에는 정당한 징계사유에 해당하지 않는다고 판단되어 확정되었다. 이 학생은 대광고등학교 방송실에서 “대광고등학교는 학생들에게 매주 수요일마다 예배를 강요하는데 이는 잘못된 것이다. 나는 수요예배를 거부하겠다. 내가 학교를 떠나게 되는 상황이 되더라도 그때까지 내가 할 수 있는 일은 무엇이든지 할 것이다.”라는 취지의 교내방송을 하였고, 그 후 담임교사가 그 학생에게 방송실을 무단으로 사용한 것에 대하여 잘못을 시인하고 학교 측에 사과하라고 권유하자, 그 학생은 담임교사 앞에서 벽을 주먹으로 치면서 “자신은 잘못이 없고, 잘못이 있다면 방송실 관리를 소홀히 한 학교 측에 책임이 있다.”라고 소리를 치고 “내가 전학을 하던 퇴학을 당하든 상관이 없고, 내가 주장하는 것처럼 학교가 변화될 때까지 싸우겠다.”는 취지로 말했고, 그 학생은 같은 날 학교를 마친 후 약 1시간 동안 서울특별시 교육청 앞에서 대광고등학교에서는 학생의 종교의 자유가 인정되지 않는다는 내용의 피켓을 목에 걸고 1인 시위를 했고, 그 다음날엔 교무실로 찾아가 담임교사에게 자퇴에 필요한 서류가 무엇인지 등을 문의하였고, 담임교사로부터 학생

선도위원회의 개최가 예정되어 있으니 학교에 부모를 모시고 오라는 말을 듣고는, “자신은 아무런 잘못도 저지르지 않았는데 부모가 왜 학교에 죄인처럼 와야 하느냐.”고 큰 소리로 항의했고, 방과 후인 같은 날에도 재차 서울특별시 교육청 앞에서 1인 시위를 했고, 담임교사가 학교에 적대적인 모든 대외활동을 중단하고 학교에 사과할 것을 권유하였으나 “자신이 진행하는 일을 그만둘 수 없다.”고 대답했고, 대광고등학교는 같은 날 교감, 교목실장, 생활지도교사 등이 참석한 학생선도위원회를 개최하여 앞서의 징계사유를 들어 먼저 전학을 권유하여 이를 승낙하면 다른 학교로 전학을 보내고, 이를 거부하면 퇴학처분을 하기로 하는 내용의 징계결의를 했고, 그 후 전학을 거부하자, 퇴학처분을 하였다.

징계처분의 사유가 된 담임교사에 대한 불손한 행동이나 지도에 불응한 행위의 내용 및 정도가 결코 경미한 것이라고는 볼 수 없다. 그러나 학생에 대한 징계처분 중 가장 무거운 퇴학처분은 학생의 신분이나 명예에 대하여 쉽사리 회복할 수 없는 불이익을 가하는 것으로 그 처분에 최대한의 신중을 기하여야 함이 당연하고, 학칙에 따라 개전의 가망이 없다고 인정되는 때에 한하여 취하여져야 한다. 징계처분의 발단이 된 교내 방송 및 1인 시위를 하고 학교당국 및 담임교사와 갈등을 빚게 된 근본적인 원인은 대광고등학교가 학생들에게 종교행사 및 종교과목 수업을 위법하게 강행한 데 있고, 학생이 학교의 위법·부당한 행위를 시정하기 위하여 취할 수 있는 수단은 일반적으로 교사에 대한 의견표현 이외에 달리 마땅한 수단이 없다는 점을 고려할 때 이 학생이 수차례 교사들에게 그 문제점을 지적하였음에도 아무런 조치가 이루어지지 않은 채 학교의 방침에 따르라는 답변만을 들은 후 이 같은 행위를 하였다는 사정이나 우리 사회의 정서상 학교 내부의 문제를 교육감 등에게 진정하는 등 다른 방법으로 해결하기란 쉽지 아니하다는 사정도 이 징계의 불법성을 판단함에 있어서 고려하여야 하고 아울러 대광고등학교가 사랑과 용서라는 기독교 이념을 실현하는 것을 목표로 하여 설립되었다는 점도 이 판단에 참고할 수 있다. 더구나 이 학생은 입학식에서 신입생 대표로 선서를 하였고 재학 중에는 학생회 부회장 및 회장을 차례로 역임하였으며, 이 교내 방송 이전의 재학기간 동안에는 교내 급식 개선과 관련하여 학교 측과 마찰을 빚은 것 이외에는 학교의 교육방침이나 정책에 순응해 왔고 달리 학교 정책에 반대하거나 비협조적인 태도를 보이지는 않은 것으로 보인다. 이러한 학생이 교사에 대하여 다소 극단적인 반항을 하였다고 하더라도 이는 수차례의 시정 요구가 묵살되어 더 이상의 방법이 없다고 보고 선택한 교내방송 후 흥분된 감정을 추스르지 못한 채 학교의 잘못에 대하여는 언급이 없고 자신의 잘못만을 질책당하는 상태에서 저지른 우발적인 행동으로 보이고 그 이후의 언행도 그러한 연장선상에서 나온 것으로서, 이러한 여러 사정을 감안한다면 이 같은 언행만으로 개전의 가망이 없는 학생이라고는 도저히 볼 수 없다. 그러므로 이 징계사유만으로는 학칙에서 정하는 퇴학처분 사유에는 해당하지 아니함이 객관적으로 명백할 뿐만 아니라 징계권자 또는 징계위원들이 조금만 주의를 기울였더라면 이러한 사정을 쉽게 알 수 있었다고 할 것이다(대법원 2010.4.22. 선고 2008다38288 전원합의체 판결).

「초·중등교육법」은 제6조에서 사립학교는 교육감의 지도·감독을 받는다고 규정하고, 제7조에서 교육감은 학교에 대하여 교육과정운영 및 교수·학습방법에 대한 장학지도를 실시할 수 있도록 규정하고 있다. 또한 제63조 제1항에서 "관할청은 학교가 시설·설비·수업·학사 및 기타 사항에 관하여 교육관계 법인세법시행령 또는 이에 의한 명령이나 학칙을 위반한 경우에는 학교의 설립·경영자 또는 학교의 장에게 기간을 정하여 그 시정 또는 변경을 명할 수 있다."고 규정하고 있다. 이러한 규정은 교육의 공공성을 고려하여 사립학교 교육에 있어서도 국가 교육이념을 실현하고 그 운영의 적정성을 확보하기 위한 것일 뿐 아니라 나아가 그러한 학교 운영을 통하여 학생 개개인의 균형 있는 정신적·육체적 발달을 도모하려는 취지라고 봄이 상당하다. 그러나 교육감이 위 법률의 규정에서 정하여진 직무상의 의무를 게을리 하여 그 의무를 위반한 것으로 위법하다고 하기 위해서는 그 의무 위반이 직무에 충실한 보통 일반의 공무원을 표준으로 할 때 객관적 정당성을 상실하였다고 인정될 정도에 이르러야 할 것이다. 또한 교육감의 장학지도나 시정·변경명령 권한의 행사 등이 교육감의 재량에 맡겨져 있는 위 법률의 규정 형식과 교육감에게 그러한 권한을 부여한 취지와 목적에 비추어 볼 때 구체적인 상황 아래에서 교육감이 그 권한을 행사하지 않은 것이 현저하게 합리성을 잃어 사회적 타당성이 없는 경우에 해당하여야만 교육감의 직무상 의무를 위반한 것으로서 위법하게 된다고 할 수 있을 것이다(대법원 1998.5.8. 선고 97다54482 판결, 대법원 2006.7.28. 선고 2004다759 판결, 대법원 2008.4.10. 선고 2005다48994 판결 등 참조).

서울특별시 교육감 및 담당 공무원이 2002년경부터 대광고등학교에 대하여 수차례 장학지도 등을 통하여 학교 내의 종교행사 및 종교과목 수업이 교육부고시를 준수하여 운영되도록 지도를 해 왔으며, 교장·교감 회의 등 각종 회의와 연수 시에 학교 종교행사 및 종교과목 수업에 관한 구체적인 지침을 안내하여 왔고, 학생이 서울특별시 교육청 건물 앞에서 1인 시위를 한 후, 담당 장학사 등이 수차례 대광고등학교를 방문하여 학생들을 상대로 질의를 하는 등으로 종교행사 및 종교과목 수업 현황을 점검하고 정규교과 시간 외 종교행사에 관하여 그 운영 등을 개선하도록 시정조치를 하였고, 담당 공무원이 대광학원으로부터 대광고등학교의 학칙 등 자료를 제출받아 이 퇴학처분에 중대한 하자가 있는지 여부를 검토하고 국가인권위원회의 중재절차에 참가하여 조언을 하기도 하였다. 이와 같이 시정·변경명령 권한 등의 행사가 교육감의 합리적 재량에 맡겨져 있는 상황 아래서 서울특별시 교육감은 교육부고시를 준수할 것을 내용으로 하는 장학지도나 종교행사 및 종교과목 수업 현황을 점검하고 일부 시정조치를 하는 등으로 어느 정도 필요한 조치를 하였다. 뿐만 아니라 교육감은 시정·변경명령을 이행하지 아니할 경우 그 위반행위를 취소하거나 학교의 정원 감축 등의 조치를 취할 수 있지만 이는 사립학교의 자율성과 학생의 학습권을 해할 우려가 있으므로 교육감이 시정·변경명령과 그 위반에 대한 조치를 취할 때에는 신중을 기할 필요가 있다는 점도 함께 고려하여야 한다.

이러한 사정을 모두 종합하여 본다면, 비록 서울특별시 교육감과 담당 공무원이 한 이와 같은 조치들만으로는 대광학원의 위법한 종교행사 및 종교과목 수업이나 퇴학처분을 막기에는 부족하여 결과적으로 학생의 인격적 법익에 대한 침해가 발생하였다고 하더라도, 교육감이 더 이상의 시정·변경명령 권한 등을 행사하지 아니한 것이 이 법리에서 말하는 것과 같이 객관적 정당성을 상실하였다거나 그와 같은 상황 아래서 현저하게 합리성을 잃어 사회적 타당성이 없다고 볼 수 있는 정도에까지 이르렀다고 하기는 어렵다. 이 판결에는 대광학원에 대한 상고이유 중 종교행사 및 종교과목 수업에 관한 판단에 대한 대법관 안대희, 대법관 양창수, 대법관 신영철의 반대의견과 징계처분에 관한 판단에 대한 대법관 양승태, 대법관 안대희, 대법관 차한성, 대법관 양창수, 대법관 신영철의 반대의견, 서울특별시에 대한 상고이유의 판단에 대한 대법관 박시환, 대법관 이홍훈, 대법관 전수안의 반대의견이 있는 외에는 관여 법관들의 의견이 일치되었다(대법원 2010.4.22. 선고 2008다38288 전원합의체 판결).

3. 자유와 군대

헌법상 기본권의 행사가 국가공동체 내에서 타인과의 공동생활을 가능하게 하고 다른 헌법적 가치 및 국가의 법질서를 위태롭게 하지 않는 범위 내에서 이루어져야 한다는 것은 양심의 자유를 포함한 모든 기본권 행사의 원칙적인 한계이므로, 양심 실현의 자유도 결국 그 제한을 정당화할 헌법적 법익이 존재하는 경우에는 헌법 제37조 제2항에 따라 법률에 의하여 제한될 수 있는 상대적 자유이다(대법원 2009.10.15. 선고 2009도7120 판결). 헌법 제37조는 "국민의 모든 자유와 권리는 국가안전보장·질서유지 또는 공공복리를 위하여 필요한 경우에 한하여 법률로써 제한할 수 있으며, 제한하는 경우에도 자유와 권리의 본질적인 내용을 침해할 수 없다."(헌법 §37 ②)고 정하고 있다.

「향토예비군설치법」은 「병역법」과 마찬가지로 가장 기본적인 국민의 국방의 의무를 구체화하기 위하여 마련된 것이고, 이와 같은 병역의무가 제대로 이행되지 않아 국가의 안전보장이 이루어지지 않는다면 국민의 인간으로서의 존엄과 가치도 보장될 수 없는 것이다. 따라서 병역의무는 궁극적으로는 국민 전체의 인간으로서의 존엄과 가치를 보장하기 위한 것이라 할 것이고, 개인의 양심의 자유가 이와 같은 헌법적 법익보다 우월한 가치라고는 할 수 없다. 그 결과, 이와 같은 헌법적 법익을 위하여 헌법 제37조 제2항에 따라 개인의 양심의 자유를 제한한다 하더라도 이는 헌법상 허용된 정당한 제한이(대법원 2004.7.15. 선고 2004도2965 전원합의체 판결 등 참조). 예비군훈련소집통지서를 교부받고도 정당한 사유 없이 이를 거부하는 때마다 각각의 죄가 성립하므로 훈련소집통지에 불응하여 유죄의 판결이 확정되었더라도 다른 훈련소집통지에 불응한 행위를 다시 처벌할 수 있다

(대법원 2009.10.15. 선고 2009도7120 판결).

4. 정교의 분리

1) 헌법의 규정

「헌법」 제20조 제2항은 '국교는 인정되지 아니하며, 종교와 정치는 분리된다.'고 규정하여 국교불인정 및 정교분리원칙을 선언하고 있다. 따라서 국가나 지방자치단체 내지는 행정관청은 특정 종교에 대하여 재정지원을 하는 등 적극적으로 종교에 개입하지 않을 의무와 더불어 특정 종교를 차별하지 않을 의무가 있다고 할 것이다(대법원 2009.5.28. 선고 2008두16933 판결).

2) 종교와 문화

「헌법」 제9조는 '국가는 전통문화의 계승·발전과 민족문화의 창달에 노력하여야 한다.'고 규정하고 있는바, 오늘날 종교적인 의식 또는 행사가 하나의 사회공동체의 문화적인 현상으로 자리 잡고 있다 할 것이므로, 어떤 의식, 행사, 유형물 등이 비록 종교적인 의식, 행사 또는 상징에서 유래되었다고 하더라도 그것이 이미 우리 사회공동체 구성원들 사이에서 관습화된 문화요소로 인식되고 받아들여질 정도에 이르렀다면 이는 정교분리원칙이 적용되는 종교의 영역이 아니라 헌법적 보호가치를 지닌 문화의 의미를 갖게 되므로, 이와 같이 이미 문화적 가치로 성숙한 종교적인 의식, 행사, 유형물에 대한 국가 등의 지원은 일정 범위 내에서 전통문화의 계승·발전이라는 문화국가원리에 부합하며 정교분리원칙에 위반되지 않는다고 할 것이다(대법원 2009.5.28. 선고 2008두16933 판결).

표 4_ 정교분리와 문화재 관련 판례

19세기경 천주교에 대한 박해를 피해 천주교 신자들이 강원 횡성군 서원면 유현리 1097 일대에 모여 살던 중 1890년경 프랑스인 신부 르메르가 초대 신부로 부임할 무렵 우리나라의 네 번째 천주교회인 풍수원성당이 설립되었고, 풍수원성당의 2대 신부인 정규하 신부가 부임한 후인 1906년경부터 1907년경까지 사이에 이 토지상에 고딕양식의 풍수원성당이 건립되었다. 풍수원성당은 우리나라에 현존하는 성당 중 세 번째로 오래된 성당이자 강원도 최초의 본당으로서 1982년경 그 문화적 가치가 인정되어 「문화재보호법」에 따라 강원도 유형문화재 제69호로 지정되었다. 천주교 원주교구와 횡성군은 2002.3.15. 국민의 정신적 휴식공간과 천주교의 성지를 조성하고 신관광자원화로 지역의 경쟁력을 강화한다는 취지로 유현문화관광지(Bible Park) 조성사업을 추진키로 하는 내용의 협약을 체결하였다. 협약서에 의하면, 횡성군은 국·도·군비를 확보하여 진입로 등 기반시설과 성서마을, 역사마을 조성사업에 투자하고, 원주교구는 휴양마을 조성과 부지매입, 지장 물 보상 등에 투자하며, 시설 조성 후 관리·운영의 주체는 원주교구로 하되, 수익적 시설(역사마을의 가마터, 원터 등과 같이 기념품 및 토속음식 등의 판매가 가능한 시설)은 천주교 관련 민간단체에 위탁운영하기로 하였다. 강원도지사는 2003.4.4. 횡성군수의 신청에 따라 「관광 진흥법」에 의해 풍수원성당 일대 149,000㎡를 유현문화관광지로 지정하였고, 횡성군수는 유현문화관광지 조성계획을 수립하여 2003.4.17. 강원도지사로부터 조성계획 승인을 받은 다음 2003.4.18. 이를 고시하였는데, 조성계획 승인사유는 '풍수원성당이 지니고 있는 역사·문화적 가치가 풍부하여 관광기능을 접목, 테마가 있는 문화관광지로 개발하여 국민 모두가 체험하고 탐방할 수 있을 뿐 아니라, 인근의 어답산, 치악산국립공원, 강원민속촌, 정금민속마을과 연계 차별화된 문화관광지로 개발하여 국민여가생활 및 심신휴양과 관광수요에 능동적으로 대처하고 지역개발촉진을 도모'한다는 것이다.…풍수원성당은 1907년에 고딕양식으로 건립된 성당이고 우리나라에 현존하는 성당 중 세 번째로 오래된 성당으로서 문화재로 보호할 가치가 충분하다고 할 것이므로, 국가 등이 풍수원성당을 문화재로 지정하고 일정한 범위 내에서 보호 내지 지원을 하는 것은 정교분리원칙에 위반되지 않는다. 유현문화관광지 조성계획은 풍수원성당 관련 시설 이외에는 별다른 관광자원을 보유하지 못한 횡성군이 이 시설 등의 활용을 통한 지역경제의 활성화를 도모하기 위한 목적에서 추진한 것으로 보이고, 이 유현문화관광지 조성사업으로 풍수원성당을 원조하는 효과가 있다고 하더라도 이는 부수적이고 간접적인 효과에 불과하므로, 이 유현문화관광지 조성계획이 특정 종교를 우대·조장하거나 배타적 특권을 부여하는 등 정교분리원칙에 위반된다고 할 수 없다. 같은 취지에서 이 유현문화관광지 조성계획 승인이 헌법상의 정교분리원칙에 반하지 않는다(대법원 2009.5.28. 선고 2008두16933 판결).

5. 명칭의 분쟁

1) 관련 사례 및 판례

(1) 유사이름의 사용금지

타인의 등록서비스 표와 동일 또는 유사한 업무표장으로서 그 지정서비스업과 동일 또는 유사한 지정업무에 사용하는 업무표장은 상표법취지에 따라 그 등록이 거절되어야 하고 일단 등록이 되었다 하더라도 무효로 된다(대법원 2011.3.24. 선고 2010후3578 판결).

(2) 유사업종의 판단기준

지정업무와 지정서비스업의 유사 여부는 제공되는 업무와 서비스의 성질이나 내용, 제공 수단, 제공 장소, 그 제공자 및 상대방의 범위 등 제반 사정을 종합적으로 고려하여 당해 업무와 서비스업에 동일 또는 유사한 표장을 사용할 경우 그 업무와 서비스가 동일인에 의하여 제공되는 것처럼 출처에 관하여 오인·혼동을 일으킬 우려가 있는지 여부를 기준으로 판단하여야 한다(대법원 2011.3.24. 선고 2010후3578 판결).

2) 판례: 월드비전 상호분쟁

월드비전

재단법인 기독교한국침례회유지재단은 월드비전으로 서비스 상표 등록을 신청했으나 월드비전 인터내셔널의 기존 등록으로 인하여 분쟁이 발생하였다. 이에 대한 특허법원의 판결은 다음과 같다.

외관을 대비하여 보면 도형 및 영문자의 유무 등에서 차이가 있어 외관은 서로 다르다. 호칭 및 관념을 대비하여 보면 새로운 출원한 것은 표장 전체에 의하여 '월드비전'으로 호칭되고 관념될 것이다. 한편 먼저 등록된 것은 도형 부분과 영문자 'World Vision' 부분 및 한글문자 '사회복지법인 월드비전' 부분으로 구성되어 있는 도형과 문자의 결합표장으로서, 도형 부분에서 특별한 호칭이나 관념이 도출되지 않으므로 영문자 부분에 의하여 또는 한글문자 '사회복지법인 월드비전'을 간략하게 호칭하고 기억하려는 일반수요자의 경향에 따라 '월드비전'으로 호칭되고 관념될 것이다. 따라서 외관은 다르지만 거래사회에서 중요한 역할을 하는 호칭 및 관념이 동일하여 두 표장이 동일·유사한 지정업무에 사용되는 경우 일반수요자나 거래자로 하여금 업무의 출처에 관하여 오인·혼동을 일으킬 염려가 있다고 할 것이므로 두 표장은 서로 유사한 표장에 해당한다. 새로이 등록하려는 지정업무에는 '전도사업(포교, 구두전도, 문서전도), 종교 교육사업(교역자 양성 보조)'이 포함되어 있고, 기존 등록서비스표의 지정서비스업에도 '그리스도교 신앙 및 사상의 전도 업(서적, 소책자, 강연, 영화필름, 슬라이드필름, 오디오 및 비디오카세트, 테이프와 기타 등류를 통한), 비종파적인 그리스도교에 관한 교육 업(강습, 강연, 개인교수 및 카운슬링과 후원 포함), 고아, 기타 아동 및 기타 원하는 사람을 위한 비종파적 그리스도교에 관한 교육 업'이 포함되어 있다. 따라서 모두 신앙전도 및 종교교육 등 비영리업무를 포함하고 있어서 그 분야가 동일하고, 수요자의 범위도 일치하는 점에서 서로 동일 또는 유사하다. 따라서 새로운 등록을 인정할 수 없다(특허법원 2010.12.9. 선고 2010허7198 판결). 대법원도 이를 다음과 같이 인정하였다.

'전도사업(포교, 구두전도, 문서전도), 종교교육사업(교역자 양성 보조)'과 기존의 사업의 '그리스도교 신앙 및 사상의 전도 업(서적, 소책자, 강연, 영화필름, 슬라이드필름, 오디오 및/또는 비디오카세트, 테이프와 기타 등을 통한), 비종파적인 그리스도교에 관한 교육 업(강습, 강연, 개인교수 및 카운슬링과 후원 포함), 고아, 기타 아동 및 기타 원하는 사람을 위한 비종파적 그리스도교에 관한 교육사업'은 신앙전도 및 종교교육 등으로 그 성질이나 내용이 동일하고 제공 상대방의 범위도 일치한다는 점 등을 이유로 들어 서로 유사하다고 판단한 것은 정당하다(대법원 2011.3.24. 선고 2010후3578 판결).

6. 종교인 비리

1) 성추행 비리

1. 대법원 2009.4.23. 선고 2009도2001 판결

폭행 또는 협박으로 부녀를 강간한 자는 3년 이상의 유기징역에 처한다(형법 §297). 폭행 또는 협박으로 사람에 대하여 추행을 한 자는 10년 이하

의 징역 또는 1천 500만 원 이하의 벌금에 처한다(형법 §298). 사람의 심신상실 또는 항거불능의 상태를 이용하여 간음 또는 추행을 한 자도 마찬가지이다(형법 §299). 「형법」 제299조는 사람의 심신상실 또는 항거불능의 상태를 이용하여 간음 또는 추행을 한 자를 「형법」 제297조, 제298조의 강간 또는 강제추행의 죄와 같이 처벌하도록 규정하고 있다. 여기서 항거불능의 상태라 함은 「형법」 제297조, 제298조와의 균형상 심신상실 이외의 원인 때문에 심리적 또는 물리적으로 반항이 절대적으로 불가능하거나 현저히 곤란한 경우를 의미한다(대법원 2000.5.26. 선고 98도3257 판결 등 참조). 예를 들어 교회여신도가 교회노회 장에게 추행을 당한 사건이 있었다. 이때 교회여신도가 노회 장에 대한 종교적 믿음이 무너지는 정신적 충격을 받으면서 노회 장의 행위가 종교적으로 필요한 행위로서 이를 용인해야 하는지에 관해 판단과 결정을 하지 못한 채 곤혹과 당황, 경악 등 정신적 혼란을 겪어 노회 장의 행위를 거부하지 못하는 한편, 노회 장의 행위를 그대로 용인하는 다른 신도들이 주위에 있는 상태에서 정신적 혼란이 더욱 가중되었다. 이러한 경우 그 행위가 성적 행위임을 알면서도 이에 대한 반항이 현저하게 곤란한 상태에 있었다고 본다(대법원 2009.4.23. 선고 2009도2001 판결).

2. 피해자 공소외 9, 10에 대한 준강간의 점에 대하여

원심은, 그 판시와 같은 사정에 비추어 위 피해자들의 진술은 충분히 신빙성이 있고, 위 피해자들의 진술과 상당 부분 일치하는 피고인의 검찰 제2회 진술도 신빙성이 있으며, 위 피해자들의 진술과 배치되는 공소외 5, 6, 7, 8의 진술은 그 신빙성을 배척하였다. 나아가 위 피해자들의 진술 및 그 채택증거들에 의하여 판시 사실을 인정한 다음 그 판시 사정들에 비추어 피고인의 행위가 성적 행위임을 알면서도 이에 대한 반항이 현저하게 곤란한 상태에 있었다고 판단하고, 피고인의 위 피해자들에 대한 이 사건 준강간의 공소사실에 대하여 유죄를 인정한 제1심 판결을 그대로 유지하였다.

기록에 비추어 살펴보면, 원심의 위와 같은 사실인정 및 판단은 사실심 법관의 합리적인 자유심증에 따른 것으로 정당하다. 원심판결에 상고이유에서 주장하는 바와 같은 합리적인 의심이 없는 정도의 증명에 이르지 아

니하였음에도 불구하고 범죄사실을 인정하였다거나 합리적인 자유심증의 범위와 한계를 넘어난 위법 등의 채증법인세법시행규칙 위반 또는 그로 인하여 판결에 영향을 미친 중대한 사실오인, 준강간죄에 관한 법리 오해, 이유 모순 등의 위법이 있다고 할 수 없다.

3. 피해자 공소외 9에 대한 준강제추행 및 피해자 공소외 10에 대한 강제추행의 점에 대하여

원심은, 신빙성 있는 위 피해자들의 진술에 의하면 피해자 공소외 9에 대한 이 사건 준강제추행 및 피해자 공소외 10에 대한 이 사건 강제추행의 공소사실이 유죄로 인정된다고 판단하였다.

기록에 비추어 살펴보면, 원심의 위와 같은 사실인정 및 판단은 사실심 법관의 합리적인 자유심증에 따른 것으로 정당하다. 원심판결에 상고이유에서 주장하는 바와 같은 채증법인세법시행규칙 위반, 강제추행죄 또는 준강제추행죄에 관한 법리 오해 등의 위법이 없다.

4. 피해자 공소외 11에 대한 강간치상의 점에 대하여

원심은, 그 판시와 같은 사정에 비추어 위 피해자의 진술은 충분히 신빙성이 있고, 위 피해자의 진술과 일부 일치하는 피고인의 검찰 제2회 진술도 신빙성이 있으며, 위 피해자의 진술과 배치되는 공소외 12의 제1심 법정에서의 진술 및 공소외 13, 14, 15의 원심법정에서의 진술은 그 신빙성을 배척하였다. 나아가 신빙성이 인정되는 위 피해자의 진술 및 그 채택증거에 의하여 피고인의 행위는 위 피해자의 항거를 현저히 곤란하게 할 정도의 폭행이나 협박에 해당하고, 이러한 강간행위로 인하여 피해자가 처녀막 파열상을 입은 것으로 인정된다고 판단하여, 피고인의 위 피해자에 대한 이 사건 강간치상의 공소사실에 대하여 피고인이 피해자를 강간하여 처녀막 파열상을 입힌 범위 내에서 유죄로 인정하였다.

기록에 비추어 살펴보면, 원심의 위와 같은 사실인정 및 판단은 사실심 법관의 합리적인 자유심증에 따른 것으로 정당하다. 원심판결에 상고이유에서 주장하는 바와 같은 채증법인세법시행규칙 위반 또는 그로 인하여 판결에 영향을 미친 중대한 사실오인, 강간죄의 구성요건 및 강간치상죄에 있어서의 상당인과관계에 관한 법리 오해, 심리미진, 이유 모순 등의 위법

이 없다.

5. 그 외의 상고이유에 대하여

(1) 피고인은, 증거조사 절차를 거치지 않았거나 증거능력이 없는 증거도 공판기록에 편철되어 원심 재판부의 심증에 영향을 미친 위법이 있고, 피고인의 방어권 및 공정한 재판을 받을 권리를 침해받았다거나 제1심 또는 원심이 불공정한 재판을 진행하였다고 주장한다. 그러나 위와 같은 주장은 기록에 비추어 받아들일 수 없고 또한 판결에 영향을 미친 위법으로 볼 수 없으므로 이유 없다.

(2) 또한 증거신청의 채택 여부는 법원의 재량으로서 법원이 필요하지 않다고 인정할 때에는 이를 조사하지 않을 수 있는 것이다. 그러므로 원심이 피고인의 현장검증신청을 받아들이지 않았다고 하여 심리미진 등의 위법이 있다고 할 수 없다.

(3) 피고인의 변호인은, 원심에서의 피해자 공소외 16 부분에 대한 공소장변경에 의하여 피해자 공소외 16에 대한 준강제추행의 예비적 공소사실은 철회되었다 할 것임에도, 원심은 이미 철회된 준강제추행의 예비적 공소사실을 심판 대상으로 보아 이를 유죄로 인정한 위법이 있다고 주장한다.

살피건대, 기록에 의하면, 검사는 피고인을 피해자 공소외 16에 대한 강제추행의 공소사실로 기소하였다가 제1심에서 주위적 공소사실은 강제추행으로, 예비적 공소사실은 준강제추행으로 공소장을 변경한 사실, 제1심 법원은 공판 과정에서 검사에게 이 부분 공소사실을 제2 예비적 공소사실로라도 '성폭력범죄의 처벌 및 피해자 보호 등에 관한 법률' 제11조 제1항의 업무상위력 등에 의한 추행의 공소사실로 변경할 것을 요구하였으나 검사는 이에 응하지 않은 사실, 제1심 법원은 위 강제추행의 주위적 공소사실 및준강제추행의 예비적 공소사실에 대하여 모두 무죄를 선고한 사실, 이에 검사는 항소하여 원심에서 피고인의 피해자 공소외 16에 대한 행위가 강제추행 또는 준강제추행, 업무상위력 등에 의한 추행 행위에 해당되는지 여부가 쟁점이 되어 심리되어 온 사실, 그 후 검사는 2009.1.9. 강제추행의 공소사실에 대하여 예비적으로 업무상위력 등에 의한 추행의 공소사실로 변경하는 내용의 신청을 하였고, 원심 법원은 이를 허가한 사실, 위와 같이 2009.1.9.의 공소장변경허가신청서에는 강제추행의 주위적 공소사실에 대하여 예비적으로 업무상위력 등에 의한 추행의 공소사실로 변경한다는 기재만 있을 뿐이고 기존의 준강제추행의 예비적 공소사실에 관하여는 이를 철회한다거나 변경한다는 등의 기재가 전혀 없는 사실 등을 알 수 있다. 이와 같은 사실관계, 이 사건 공판 과정의 제반 사정 및 공소장변경신청서에 공소사실 등을 '변경'한다고 기재되어 있다고 하여 반드시 기존의 공소사실을 철회한다는 의미가 포함된다고는 할 수 없는 점 등을 종합해보면, 원심에서의 피해자 공소외 16 부분에 대한 위 공소장변경은 강제추행의 주위적 공소사실에 대하여 업무상위력 등에 의한 추행의 공소사실을 제2 예비적 공소사실로 추가한 것이라고 봄이 상당하고, 이로써 기존의 준강제추행의 예비적 공소사실이 철회되었다고 볼 수 없다. 따라서 이와 다른 전제의 변호인의 주장은 받아들일 수 없다.

6. 양형부당의 주장에 대하여

기록에 나타난 이 사건 범행의 내용과 피해의 정도, 범행의 동기와 수단, 범행 후의 정황, 피고인과 피해자들의 관계, 피고인의 연령과 환경, 성행 등 여러 양형 조건을 살펴보면, 피고인에게 징역 10년을 선고한 원심의 형량이 너무 무거워 현저히 부당한 것으로 인정되지 아니한다.

7. 결 론

그러므로 상고를 기각하고 상고 후의 구금일수 일부를 본형에 산입하기로 하여 관여 대법관의 일치된 의견으로 주문과 같이 판결한다.

대법관 김지형(재판장) 양승태 전수안 양창수(주심)

제 2 장 세금과 회계

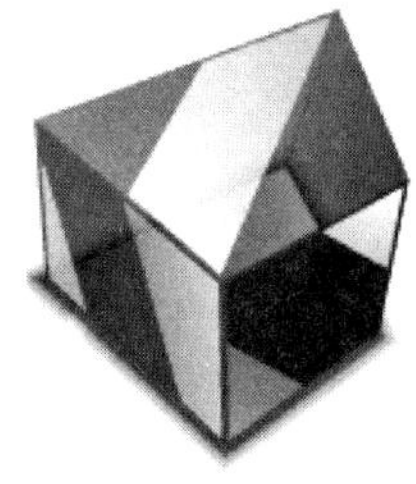

2 세금과 회계

제1절 납세의 범위

1. 납세의 개요

종교단체가 법인인 경우에는 사업소득과 토지양도 소득에 대하여 법인세가 부과된다(법인세법 제3조 제1항). 사업소득에 대한 과세는 수익사업에 대하여만 과세한다(법인세법 제3조 제1항). 따라서 헌금 등 종교단체의 고유사업에서 들어오는 수입은 과세하지 않는다. 그리고 청산소득에 대하여는 과세하지 않는다(법인세법 제3조 제1항 단서). 청산소득이란 법인인 종교단체가 해산한 경우에 발생하는 소득을 말한다. 그러나 법인인 종교단체가 해산한 경우에도 그 청산기간 중 수익사업 또는 수입에서 생긴 소득이 있는 경우에는 과세한다(법인세법기본통칙 §3-0…2).

법인이 아닌 종교단체는 개인으로 보므로 비과세로 규정된 것이 아니한 사업을 하거나 세법이 정하는 소득이 있는 경우 소득세의 납부의무가 있다.

2. 종교인 과세

종교인소득 과세체계 정비하여 「소득세법」 제12, 21, 145의3, 155의6, 170, 부칙 제1조를 개정하여 2018년 1월 1일부터 시행한다. 기타소득 또는 근로소득으로 신고납부 할 수 있고, 종교단체의 원천징수는 선택사항이며 원천징수하지 않은 경우 종교인이 종합소득세로 5월에 신고납부 한다. 종교인소득 중 식사대·교통비 등 실비변상금액, 사택제공이익 등은 비과세한다. 소득수준에 따라 필요경비율을 달리 적용한다. 4천만 원 미만 80%, 4~8

천만 원 60%, 8천만~1.5억 원 40%, 1.5억 원 초과 시 20%이다. 근로소득세와 비슷한 세 부담 수준을 납부하는 것이 바람직하다는 종교계 의견 등을 감안하였다. 과세당국의 종교단체 장부 확인은 종교인소득 관련 부분에 한정하여 할 수 있도록 하였다.

제2절 납세의 구분

1. 법인과 개인

종교단체가 법인인 경우와 법인이 아닌 경우 과세방식이 다르다. 따라서 법인과 개인을 어떻게 세법에서 구분하는지를 알아야 한다. 물론 법인으로 등기된 경우 법인으로 과세하지만 법인으로 등기되지 않더라고 법인으로 보는 규정이 있으므로 이에 유의하여야 한다.

2. 법인의 간주

1) 간주의 대상

우리나라의 세법은 '개인'의 개념이나 '법인'의 개념에 관하여 따로 정의하지 않고 있다(서울행법 2009.2.16. 선고 2007구합37650 판결). 법인격 없는 단체라도「국세기본법」 제13조에서 법인으로 간주되는 것은 법인으로 보고 그 이외의 법인격 없는 단체는 소득세 납세의무가 있다는 것을 규정한다(대법원 1989.1.31. 선고 85누728 판결).

세법에서는 법인으로 등기되지 않은 단체라도 일정한 경우 법인으로 간주하는 규정을 두고 있는 것이다. 즉「국세기본법」 제13조 제1항에서 법인으로 보는 단체로 규정하고 있는 ① 주무관청의 허가 또는 인가를 받아 설립되거나 법인세법시행령에 의하여 주무관청에 등록한 사단·재단 기타 단체로서 등기되지 아니한 것, ② 공익을 목적으로 출연된 기본재산이 있는 재단으로서 등기되지 아니한 것에 해당한 경우, ③ 「국세기본법」 제13조 제2항에서 규정하고 있는 신청과 승인에 의하여 법인으로 보는 법인격이 없는 단체는 세법 상 법인으로 본다.

2) 허가된 단체

법인등기를 하지 않은 종교단체(법인격이 없는 사단, 재단, 그 밖의 단체) 중 수익을 구성원에게 분배하지 아니하는 단체(이는 영리목적이 아님을 의미한다.) 중에 주무관청의 허가 또는 인가를 받아 설립된 단체 또는 법인세법시행령에 따라 주무관청에 등록한 단체는 세법 상 비영리법인으로 본다(국세기본법 제13조 제1항). 법인으로 등기되지 않은 사단인 비영리단체는 주무관청의 허가 등을 받아 설립된 것이 아니면 세법의 적용에 있어서 법인으로 볼 수 없다(조심2010서3218, 2010.12.2., 대법원 1999.9.7. 선고, 97누17261 판결 참조). 따라서 법인등기가 되지 않은 교회는 법인격이 없는 사단으로 볼 수는 있어도 법인격이 없는 재단으로 볼 수는 없다 할 것이어서, '공익을 목적으로 출연된 기본재산이 있는 재단'에 해당하지 않는다(인천지법2006구단559, 2006.11.6.)

3) 공익단체 등

공익을 목적으로 출연(出捐)된 기본재산이 있는 재단은 법인으로 등기되지 않더라도 세법 상 비영리법인으로 간주된다(국세기본법 제13조 제1항).

일반적으로 교회는 예배를 목적으로 하는 교인들로 구성된 사단으로서의 성질을 가지며 교회의 재산은 교인들의 총유에 속한다. 교회를 재단으로 보는 것은 교회재산이 재단의 단독소유가 된다는 점에서 타당하지 아니하다. 교회는 사단으로서 재단이 될 수 없다(조심2010서515, 2010.9.20.). 교회가 법인격 없는 재단으로서의 성격을 함께 갖고 있다고 본다면, 교회재산인 부동산이 교인의 총유이면서 동시에 법인격 없는 재단의 단독소유가 된다는 결과가 되어 그 자체가 모순될 뿐만 아니라 그 소유관계를 혼란스럽게 할 우려가 있으므로, 교회가 법인격 없는 사단이면서 동시에 법인격 없는 재단이라고 볼 수는 없다 할 것이다. 따라서 교회가 법인격 없는 재단으로서 세법에 의하여 법인으로 간주되어 법인세 납세의무의 주체가 된다고 할 수 없다(대법원97누17261, 1999.9.7.).

동 규정은 통상적인 사단성격을 가진 종교단체에 적용되지 않는 것으로 보인다. 그러나 사찰에 대하여는 다른 판례가 있다.

「전통사찰보존법」에 따라 문화공보부에 전통사찰로 등록되어 있고 독립한 사찰로서의 실체도 갖추어 권리능력 없는 재단으로 인정되는 사찰의 경우, 그 사찰 명의로 등기된 재산은 독립한 권리주체인 사찰의 소유인 것이지 그 사찰의 창건 또는 재산관리에 있어서 신도들이 기여한 바가 크다 하더라도 그것이 신도들의 총유 물로서 사찰에 명의신탁된 것으로 볼 수는 없다(대법원 1970.2.10. 선고 66누120, 121 판결 참조).

4) 승인된 단체

위에 해당하지 않는 종교단체라도 종교단체의 수익을 구성원에게 분배하지 아니하는 비영리단체로서 첫째 종교단체의 조직과 운영에 관한 규정을 가지고 대표자나 관리인을 선임하는 동시에, 둘째 종교단체 자신의 계산과 명의로 수익과 재산을 독립적으로 소유·관리하는 경우이고, 셋째 이에 해당하는 종교단체가 대표자나 관리인이 관할 세무서장에게 신청하여 승인을 받은 경우도 법인으로 본다. 이렇게 법인으로 보게 되는 경우 당해 사단·재단 기타 단체의 계속성 및 동질성이 유지되는 것으로 본다(국기법 제13조 제2항). 이렇게 법인신청을 하여 관할 세무서장의 승인을 받은 경우 3년 동안(승인 받은 날이 속하는 과세기간과 그 과세기간이 끝난 날부터 3년이 되는 날이 속하는 과세기간까지)은 법인에서 개인으로 변경할 수 없다. 그러나 법인으로 되는 요건을 갖추지 못하게 되어 승인취소를 받는 경우에는 법인으로 보지 않는다(국세기본법 제13조 제3항). 법인으로 승인을 받은 종교단체가 요건을 갖추지 못하게 되었을 때에는 관할 세무서장은 그 승인을 취소한다(국세기본법시행령 제8조 제4항).

법인등기를 하거나 국세기본법 상 법인으로 보는 종교단체에 해당하지 않는 경우에는 세무서로부터 납세번호 증을 교부받았다고 하여도 이는 국세기본법상의 법인으로 보는 단체의 승인으로 볼 수는 없다(수원지법2010구합4453, 2010.11.11.).

3. 개인의 간주

1) 개요와 범위

법인등기를 하거나 세법상 법인으로 간주되는 단체가 아닌 종교단체는 세법을 적용할 때 개인으로 간주된다.

2) 교회의 사례

재단법인인 종교단체와는 회계 등 모든 운영이 독립된 산하지역의 교회는 별도의 허가를 받아 세법상 재단으로 설립된 경우를 제외하고는 개인으로 본다(서면인터넷방문상담5팀-3083, 2007.11.26. 등 같은 뜻임, 심사양도 2010-389, 2011.5.12.에서 인용.). 예를 들어 대한예수교장로회총회의 경우와 같이 법인 또는 세법상 법인으로 보는 단체로 등기·등록하지 않고, 소속 교회 및 총회 등의 기본재산을 보존·관리하기 위하여 대한예수교장로회총회 유지재단을 설립하여 각 개별교회 등의 기본재산을 동 재단에 신탁하여 편입·보존하도록 하고 있더라도, 재단에 편입된 재산 또한 재단 자신의 재산이 아니라 개체교회들로부터 신탁 받은 재산으로 선량한 관리자로서 주의의무를 다하여 관리하고, 재단에 기본재산을 신탁하였다고 하더라도 개별교회가 신탁한 재산을 개별교회의 당회결의를 통해 관리하여 개별교회의 운영에 사용하며, 교회가 동 재단에 부동산들을 포함한 기본재산을 편입하지 않고, 교단 총회는 법인으로 등기·등록된 사실이 없는 경우 개별교회가 대한예수교장로회총회에 소속되었다 하여 개별교회를 동 총회 및 재단의 지점법인 또는 법인으로 보는 단체로도 볼 수 없다(심사양도2010-389, 2011.5.12.).

설립 허가를 받은 기독교의 장로교, 감리교 등의 총회 등에 속한 교회는 일반적으로 중앙회에 소속되어 있고, 관할 관청에 종교단체로 등록되어 있다. 이렇게 재단법인인 종교단체의 중앙회와는 회계 등 모든 운영이 독립된 산하교회는 교의에 따르는 사람들을 교원으로 하는 단체로서 재단이 아닌 사단으로 볼 수 있으므로 대표자 또는 관리인이 관할세무서장에게 신청하여 승인을 얻지 아니한 경우에는 법인으로 보는 단체에 해당하지 않는다(징세과-402, 2009.12.10.). 따라서 부동산은 교회 명의로 등기되어 있고 교회의 고유목적으로 3년 이상 사용하더라도 양도소득세가 과세되는 것이다.

제3절 사업자 등록

1. 고유번호 등

종교단체는 비영리단체이므로 사업을 하지 않는 경우 사업자등록을 하지 않는다. 비영리단체로서 세무서에 고유번호만 부여받는다. 세무서에 법인으로 신청하여 승인을 받은 종교단체도 승인과 동시에 세무서에서 고유번호(비영리 사업자에게 부여하는 사업자번호)를 신청하여야 한다.

2. 법인의 신청

세무서에서 법인으로 승인을 받으려는 종교단체의 대표자 또는 관리인은 단체의 명칭, 주사무소의 소재지, 대표자 또는 관리인의 성명과 주소 또는 거소, 고유사업, 재산상황, 정관 또는 조직과 운영에 관한 규정, 그밖에 필요한 사항을 적은 문서를 관할 세무서장에게 제출하여야 한다(국세기본법시행령 제8조 제1항). 승인신청은 다음의 서식에 의하여 한다(국세기본법시행규칙 제5조의 2 제1항). 관할 세무서장은 이렇게 제출한 문서에 대하여 그 승인 여부를 신청일로부터 10일 이내에 신청인에게 통지하여야 한다(국세기본법시행령 제8조 제2항). 법인으로 보는 것은 법인으로 보는 단체로 승인받은 시점이다(인천지법2006구단559, 2006.11.6.).

3. 사업자 등록

종교단체는 고유사업인 종교 행위를 하는 경우에는 사업자등록을 할 필요가 없다. 그러나 종교단체가 영리사업 즉 수익사업도 하는 경우에는 사업자등록을 해야 한다(국세기본법시행령 제8조 제3항). 그리고 수익사업에 대하여는 개인사업자인 경우에는 부가가치세와 소득세 등을 법인인 경우에는 법인세와 부가가치세를 다른 영리법인과 똑같이 내야한다.

표 5_[별지 제75호의 4 서식] 비영리법인의 수익사업 개시신고서

비영리법인의 수익사업 개시신고서

(사업자등록증 발급 신청서)

<table>
<tr><td colspan="4">접수번호:</td><td colspan="4">접수일자:</td><td colspan="6">처리기간 3일(보정기간은 불 산입)</td></tr>
<tr><td colspan="14">신고할 내용</td></tr>
<tr><td colspan="2">법인명(단체명)</td><td colspan="2"></td><td colspan="2">고유번호</td><td colspan="2"></td><td colspan="3">대표자
(관리책임자)</td><td colspan="3"></td></tr>
<tr><td colspan="4">수익사업의 사업장 소재지</td><td colspan="10"></td></tr>
<tr><td colspan="4">본점, 주사무소, 또는 사업의 실질적 관리장소의 소재지</td><td colspan="10"></td></tr>
<tr><td colspan="3">전자우편 주소</td><td colspan="4"></td><td colspan="3">전 화 번 호</td><td colspan="4"></td></tr>
<tr><td colspan="3">고유목적사업</td><td colspan="4"></td><td colspan="3">수익사업개시일</td><td colspan="4"></td></tr>
<tr><td colspan="3">사 업 연 도</td><td colspan="4">월 일~ 월 일</td><td colspan="3"></td><td colspan="4"></td></tr>
<tr><td colspan="14">수익사업의 종류</td></tr>
<tr><td colspan="2">주 업태</td><td colspan="2">주 종목</td><td colspan="3">주 업종 코드</td><td colspan="2">부 업태</td><td colspan="2">부 종목</td><td colspan="3">부 업종 코드</td></tr>
<tr><td colspan="2"></td><td colspan="2"></td><td colspan="3"></td><td colspan="2"></td><td colspan="2"></td><td colspan="3"></td></tr>
<tr><td colspan="3">주류면허</td><td colspan="4">개별소비세
(해당란에 O표)</td><td colspan="3">부가가치세 과세사업</td><td colspan="4">인허가 사업여부</td></tr>
<tr><td rowspan="2">면허
번호</td><td colspan="2">면허신청</td><td>제조</td><td>판매</td><td>장소</td><td>유흥</td><td colspan="2">여</td><td>부</td><td>신고</td><td>등록</td><td>인허가</td><td>기타</td></tr>
<tr><td>여</td><td>부</td><td></td><td></td><td></td><td></td><td colspan="2"></td><td></td><td></td><td></td><td></td><td></td></tr>
<tr><td colspan="14">납세자의 위임을 받아 대리인이 신고하는 경우 아래 사항을 적어주시기 바랍니다.</td></tr>
<tr><td colspan="3" rowspan="2">대리인 인적사항</td><td colspan="2">성 명</td><td colspan="3"></td><td colspan="3">생년월일</td><td colspan="3"></td></tr>
<tr><td colspan="2">전화번호</td><td colspan="3"></td><td colspan="3">납세자의 관계</td><td colspan="3"></td></tr>
<tr><td colspan="14">「법인세법」제110조에 따라 위와 같이 비영리법인의 수익사업 개시신고서를 제출합니다.

년 월 일

신고인 (서명 또는 인)

세무서장 귀하</td></tr>
<tr><td colspan="3">첨부서류</td><td colspan="9">1. 고유번호 증
2. 수익사업에 관련된 개시 재무상태 표 1부.
※ 새롭게 사업장을 설치하고 수익사업 개시신고를 하는 경우에는 사업자등록신청서를 별도로 제출하여야 합니다.</td><td colspan="2">수수료 없음</td></tr>
</table>

비영리법인인 종교단체가 새로 수익사업을 시작한 경우에는 그 개시 일부터 2개월 이내에 수익사업 개시신고를 납세지 관할 세무서장에게 하여야 한다(법인세법 제110조). 관할세무서장으로부터 법인으로 보는 단체로 승인을 얻은 경우 동 단체의 최초사업연도 개시일은 법인으로 보는 단체의 승인일로 한다(법인세과-1283, 2009.11.17.). 신고서 양식은 다음과 같다(법인세법 시행규칙 §82 ⑯)(표 5).

제4절 납세의 관리

1. 납세 의무자

납세의무자는 법인인 종교단체는 종교단체인 법인이고 그렇지 않은 경우 종교단체의 대표자이다.

법인이 종교단체나 법인으로 보는 종교단체의 국세에 관한 의무는 그 대표자나 관리인이 이행하여야 한다(국세기본법 제13 제4항). 법인이 아닌 종교단체로서 법인으로 보는 종교단체는 국세에 관한 의무 이행을 위하여 대표자나 관리인을 선임하거나 변경한 경우에는 관할 세무서장에게 신고하여야 한다(국세기본법 제13조 제5항). 대표자 또는 관리인의 선임신고 또는 변경신고를 하려는 경우에는 대표자 또는 관리인(변경의 경우에는 변경 전 및 변경 후의 대표자 또는 관리인)의 성명과 주소 또는 거소, 그밖에 필요한 사항을 적은 문서를 관할 세무서장에게 제출하여야 한다(국세기본법시행령 제9조). 종교단체의 대표자 등의 선임(변경)신고는 다음 서식에 의한다(국세기본법시행규칙 제6조)(표 6).

법인으로 보는 종교단체가 이 신고를 하지 아니한 경우에는 관할 세무서장은 그 단체의 구성원 또는 관계인 중 1명을 국세에 관한 의무를 이행하는 사람으로 지정할 수 있다(국세기본법 제13조 제6항). 이렇게 지정하였을 때에는 국세에 관한 의무를 이행하는 사람의 성명과 주소 또는 거소, 지정 연월일, 지정 사유, 그밖에 필요한 사항을 적은 문서로 지체 없이 해당 종교단체에 통지한다(국세기본법 제13조 제6항).

표 6_[별지 제6호의 4 서식] 법인으로 보는 단체의 대표자 등의 선임(변경)신고서

<table>
<tr><td colspan="6" rowspan="2">법인으로 보는 단체의 대표자 등의 선임(변경)신고서</td><td>처리기간</td></tr>
<tr><td>즉 시</td></tr>
<tr><td rowspan="2">신고단체</td><td>① 명 칭</td><td colspan="2"></td><td colspan="2">② 고 유 번 호 또는 사업자등록번호</td><td></td></tr>
<tr><td>③ 소 재 지</td><td colspan="5"></td></tr>
<tr><td colspan="7">신 고 내 용</td></tr>
<tr><td colspan="2">④ 선임(변경)연 월 일</td><td colspan="5"></td></tr>
<tr><td colspan="2">⑤ 신 고 사 유</td><td colspan="5">□ 최초선임
□ 변 경</td></tr>
<tr><td rowspan="2">최초선임 (변경전)</td><td>⑥ 성 명</td><td></td><td>⑦ 주민등록번호</td><td></td><td>⑧ 생 년 월 일</td><td></td></tr>
<tr><td>⑨ 주소 또는 거소</td><td colspan="5"></td></tr>
<tr><td rowspan="2">변경후</td><td>⑩ 성 명</td><td></td><td>⑪ 주민등록번호</td><td></td><td>⑫ 생 년 월 일</td><td></td></tr>
<tr><td>⑬ 주소 또는 거소</td><td colspan="5"></td></tr>
<tr><td colspan="7">국세기본법 제13조 제5항 및 동법시행령 제9조의 규정에 의하여 위와 같이 신고합니다.

년 월 일

신 고 인 (서명 또는 인)

세 무 서 장 귀하</td></tr>
<tr><td colspan="6" rowspan="2">※ 이 신고서는 무료로 배부합니다.</td><td>수수료</td></tr>
<tr><td>없 음</td></tr>
</table>

「국세기본법」 제13조 제2항의 "법인격이 없는 사단, 재단 기타 단체의 국세에 관한 의무는 그의 이사 또는 관리인이 대표자로서 이행하여야 한다."라고 규정한 취지는 그 이사 또는 관리인 자신을 납세의무자로 지정하고 그의 개인재산으로써 납세의무를 이행하여야 한다는 뜻이 아니라 그 단체에 대하여 부과된 납세의무를 이사 또는 관리인이 이행하여야 한다는 취지이다(대법원 1986.7.8. 선고 84누87 판결). 예를 들어 대한예수교장로회 고신파 소속 부산지방교회연합회의 일부 교회대표자들이 각 교회에서 출연한 돈으로 소속교인들의 묘지를 설치 관리운영 할 단체를 구성하기로 하고 토지를 공동묘지로 하기 위하여 출연자금으로 매입하기로 하고 매매계약을 체결함에 있어 그때까지 단체를 구성하지 못하였으므로 연합회의 회장과 고신 파 원로목사의 이름을 빌어 편의상 매수 인으로 하고, 그 대금을 완불하기 전에 교회연합묘지운영협의회를 설립하고 이사장 실무담당기관 등을 구성한 경우에는, 이 사람들은 연합회를 위하여 매매계약을 하고 그 계약상의 매수 인이 된 것에 지나지 아니하므로 이 사람들에게 취득세를 부과할 수는 없는 것이다(대법원 1986.7.8. 선고 84누87 판결).

2. 회계의 구분

1) 구분경리 등

법인인 종교단체나 법인으로 간주하는 종교단체를 포함하여 종교단체가 수익사업을 하는 경우에는 자산·부채 및 손익을 그 수익사업에 속하는 것과 수익사업이 아닌 그 밖의 사업에 속하는 것을 각각 다른 회계로 구분하여 기록하여야 한다(법인세법 제113조 제1항). 법인이 아닌 경우에도 마찬가지이다. 구분경리는 구분하여야 할 사업 또는 재산별로 자산·부채 및 손익을 각각 독립된 계정과목에 의하여 구분기장 하여야 한다(법인세법시행규칙 제75조 제1항). 수익사업을 영위하는 회계는 복식부기에 의하여야 하며 부가가치세, 법인세 등을 신고하여야 하므로 회계사 등 전문가에게 의뢰하는 것이 바람직하다.

2) 회계의 방법

(1) 구분된 회계

종교단체에서 사업 즉 수익사업을 하는 경우에는 수익사업에 속하는 거래와 자산과 부채를 종교사업과 별도로 회계처리를 하여야 한다. 수익사업은 과세되고 고유 종교 활동은 과세되지 않기 때문이다.

(2) 공통자산 등

자산과 부채는 수익사업과 종교로 명확하게 구분되는 경우에는 문제가 없지만 많은 공통으로 사용된다. 이렇게 수익사업과 기타의 사업에 공통되는 자산과 부채는 이를 수익사업에 속하는 것으로 한다(법인세법시행규칙 제76조 제1항).

(3) 공통손익 등

수입과 지출이 수익사업과 종교로 명확히 구분되면 그 구분대로 처리하면 된다. 하지만 각 사업 또는 재산별로 구분할 수 없는 공통되는 수입과 지출은 구분하여 회계처리 하지 않아도 된다(법인세법시행규칙 제75조 제1항 단서). 그렇지만 공통손익은 소득금액을 계산할 때 수익사업과 기타의 사업으로 분배하여 계산하여야 한다. 이 경우 공통되는 익금과 손금은 수입과 업종에 따라 구분계산 한다(법인세법시행규칙 제76조 제6항). 여기서 말하는 공통되는 수입은 과세가 되는 것에 한하며, 공통되는 손금은 과세되는 수입과 관련된 것에 한한다(법인세법시행규칙 제76조 제7항). 과세가 되지 않는 수입은 종교단체가 자유로이 회계처리를 하면 되고 과세되는 수입과 지출만 이렇게 회계처리 하는 것이다.

수익사업과 수익사업이 아닌 비영리단체의 공통수입은 수익사업과 기타의 사업의 수입금액 또는 매출액에 비례하여 안분계산 한다(법인세법시행규칙 제76조 제6항 제1호). 수익사업과 기타의 사업의 업종이 동일한 경우의 공통비용은 수익사업과 기타의 사업의 수입금액 또는 매출액에 비례하여 안분계산 하고(법인세법시행규칙 제76조 제6항 제2호), 수익사업과 기타의 사업의 업종이 다른 경우의 공통비용은 수익사업과 기타의 사업의 개별비용금액(공통손금 외의 비용의 합계액)에 비례하여 안분계산 한다(법인세법시행규칙 제76조 제6항 제3호). 다만, 개별비용(공통비용 외의 비용의 합계액)이 없는 경우나 기타의 사유로 이를 적용할 수 없거나 적용하는 것이 불합리한 경우에는 공통수입의 수입항목 또는 공통비용의 비용항목에 따라 국세청장이 정하는 작업시간·사용시간·사용면적 등의 기준에 의하여 안분계산 한다(법인세법시행규칙 제76조 제6항 단서).

(4) 자본금 계산

비영리법인은 자본금이 없다. 따라서 비영리법인의 자본금은 수익사업의 자산의 합계액에서 부채와 충당금의 합계액을 공제한 금액을 수익사업의 자본금으로 한다(법인세법시행규칙 제76조 제2항). 수익사업에 속하지 않는 자산을 수익사업에 지출 또는 전입한 경우 그 자산 가액은 자본의 증가로 처리한다. 이 경우 자산 가액은 시가에 의한다(법인세법시행규칙 제76조 제3항). 시가가 불분명한 경우의 시가는 「법인세법 시행령」 제89조 제2항의 규정을 준용하여 평가한 가액에 의한다(법인세법기본통칙 §113-156…2). 반대로 수익사업에 속하는 자산을 수익사업이 아닌 사업에 지출한 경우 그 자산 가액 중 수익사업의 소득금액과 잉여금을 초과하는 금액은 자본의 감소로 한다(법인세법시행규칙 제76조 제4항). 잉여금이라 함은 이미 법인세가 과세된 소득(「법인세법」 및 「조세특례제한법」에 의하여 비과세되거나 익금 불 산입된 금액을 포함한다)으로서 수익사업부문에 유보되어 있는 금액을 말한다(법인세법기본통칙 제113-156…3 제1항). 실무적으로 수익사업에 속하는 자산을 비영리사업에 지출한 때에는 다음과 같이 순차적으로 상계처리 한다(법인세법 기본통칙 제113-156…3 제2항). 첫째는 고유목적사업 준비금 중 「법인세법」(제29조)의 규정에 의하여 손금산입 된 금액과 상계한다(법인세법 기본통칙 제113-156…3 제2항 제1호). 둘째는 고유목적사업 준비금 중 손금 부인된 금액과 상계한다(법인세법 기본통칙 제113-156…3 제2항 제2호). 셋째는 법인세과세후의 수익사업소득금액(잉여금을 포함한다)과 상계한다(법인세법 기본통칙 제113-156…3 제2항 제3호). 마지막으로 자본의 원입 액으로 처리한다(법인세법기본통칙 제113-156…3 제2항 제4호).

(5) 회계의 사례

수익사업과 비영리사업을 겸영하는 경우 종업원에 대한 급여상당액(복리

후생비, 퇴직금 및 퇴직급여충당금 전입을 포함한다)은 근로의 제공내용을 기준으로 구분한다. 이 경우 근로의 제공이 주로 수익사업에 관련된 것인 때에는 이를 수익사업의 비용으로 하고 근로의 제공이 주로 비영리사업에 관련된 것인 때에는 이를 비영리사업에 속한 비용으로 한다(법인세법 기본통칙 제113-156…1).

3. 세무서 조사

2016년 국세청이 여의도순복음교회에 대한 세무조사에 착수했다. 국세청은 과거에도 종교단체의 영리사업을 대상으로 세무조사를 벌인 적이 있지만, 교회를 대상으로 한 것은 이번이 처음이다. 이번 세무조사에서는 여의도순복음교회와 관련한 재단이나 법인, 영리 사업의 탈세 여부를 들여다본다. 조용기 원로목사의 교회 예산 횡령 의혹과 관련된 부분도 있을 것이다. 서울서부지방검찰청은 2015년 조 목사가 800억 원대의 교회 예산을 마음대로 사용했다는 고발장을 접수하고 교회 관계자들을 불러 사실 여부에 대한 조사를 벌였다(조선일보, 2016.3.15.).

제 3 장 수입의 세금

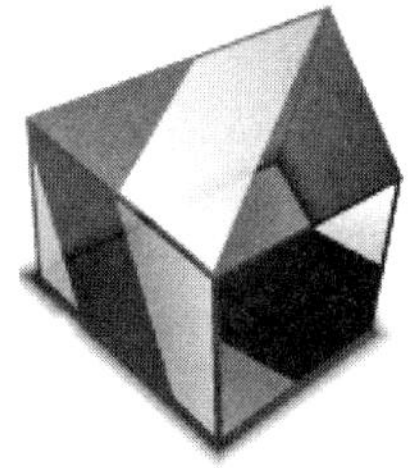

3 수입의 세금

제1절 수입과 비용

1. 헌금과 기부

1) 수입 비과세

종교단체나 종교법인 또는 사회복지법인이 받은 기부금을 종교목적 또는 사회복지 목적으로 사용하는 경우에는 법인세나 소득세 같은 세금이 부과되지 않는다. 이러한 기부금을 낸 기업도 비용으로 인정받는다.

2) 증여세 면제

(1) 종교는 면제

종교단체가 받는 헌금이나 보시 등은 그 종교목적에 사용하는 이상 증여세를 내지 않는다(증여세법 제48조 제1항). 이 경우 종교단체가 종교목적을 수행하는 공익법인 등에 해당하는지 여부는 법인으로 등록했는지에 관계없이 당해 종교단체가 수행하는 정관상 고유목적사업에 따라 판단한다(재산세과-274, 2011.6.7.). 직접 공익목적사업에 사용하는 것이란 정관상 고유목적사업에 사용하는 것을 말한다(재산세과-852, 2010.11.17.).

한편 부득이하게 개인 명의로 취득하였다가 종교단체에 증여한 경우 증여세가 면제될 수 있다. 예를 들어 담임목사의 사택을 구입하고자 하였으나, 금융기관에서 교회 명의로 대출이 불가능하다하여 부득이 담임목사 명의로 대출 및 주택을 취득하고 대출금은 교회에서 상환한 후 실소유자인 교회명의로 증여를 원인으로 소유권이전 등기하는 경우이다. 이에 대하여 국세청은 종중의 사례를 들어 가능성을 답변하고 있다. 종중 원 명의로 등기된 토지를 종중 명의로 등기 이전한 경우로서 그 이전된 토지가 당초부터 종중의 소유임이 확인되는 경우에는 증여세가 과세되지 아니하는 것이나 당초부터 종중 원 소유임이 확인되는 경우에는 증여세가 과세된다고 한 사례이다. 해당 토지가 당초부터 종중의 소유인지 또는 종중원의 소유인지 여부는 종중 회칙 및 회의록과 재산목록 등에 의거 해당 부동산의 사실상 소유자, 소유형태 등 구체적인 사실을 확인하여 판단할 사항이다(법규재산 2013-454, 2013.12.10.)(서면상속증여-2312, 2015.11.27.).

유의하여야 할 것은 기부 받은 것을 종교목적 이외의 목적으로 사용하는 경우에는 증여세를 낸다. 그러나 부동산·주식을 제외하고 현금으로 받는 경우 불특정 다수인으로부터 받고 출연자별로 출연 받은 재산가액을 산정하기 어려운 현금 같은 헌금과 보시에 대하여는 증여세를 내지 않는다(상속세 및 증여세법 제48조 제2항, 상속세 및 증여세법시행령 제38조 제1항). 요약하면 부동산 같은 재산은 종교목적에 사용하여야만 증여세를 내지 않으며 부동산 이외의 현금을 특정인이 개별적으로 내는 것이 확인되는 경우 이를 종교목적에 사용하지 않는 경우 증여세를 낸다는 것이다. 교회나 절에서 여러 사람이 조금씩 내는 금액들은 설령 다른 목적에 사용하더라도 증여자를 일일이 확인하기 어려우므로 증여세를 부과하지 않는다는 것이다.

그러나 종교단체에 기부한 사람별로 낸 금액의 산정이 가능한 헌금 등의 경우에는 종교목적에 사용하지 않는 경우 증여세를 내야한다(재산세과-56, 2009.8.28.). 만일 교회나 절에 어떤 사람이 거액의 현금을 내는 경우 이를 종교목적에 사용하지 않는다면 증여세를 내야할 것이다.

이렇게 출연 받은 재산에 대한 증여세를 과세하지 않는 종교단체는 주된 사무소가 국내에 소재하는 경우만 해당한다. 따라서 외국에 소재하는 비영리법인인 종교단체가 국내에 있는 재산을 증여받은 경우에는 증여세를 납부할 의무가 있다. 또한, 증여자는 증여를 받는 자가 납부할 증여세에 대하여 연대하여 납부할 의무를 진다(재산세과-72, 2011.2.15.). 따라서 해외에 있는 국제적인 종교단체의 한국지부가 해외로 송금하는 금액에 대해서는 증여세가 과세되며 증여세를 납부하지 않는 경우 한국지부가 연대책임을 진다.

(2) 출연도 면제

출연 받은 재산을 당해 직접공익목적사업에 효율적으로 사용하기 위하여 주무관청의 허가를 받아 다른 공익법인 등에게 출연하는 것도 포함한다(증여세법시행령 제38조 제2항). 예를 들어 교회가 주차장으로 사용하고 있던 토지를 재단법인에 증여로 이전등기 하는 경우 증여세가 부과되는지의 질의에 대해 국세청은 이에 해당하는지 여부는 관련 사실을 확인하여 판단할 사항이라고 회신하였다(재산세과-36, 2011.1.18.). 즉 '당해 직접공익목적사업에 효율적으로 사용하기 위하여 주무관청의 허가를 받아 다른 공익법인 등에게 출연'하였는지는 실제로 관할세무서가 판단할 사항이라는 것이다.

교회와 관련된 다른 사례를 본다. 교회 담임목사가 정년퇴직을 하면서 현행 종교 목적사업과 목적이 동일한 선교회를 설립하였다. 이러한 선교회의 설립 기금 및 선교사업 추진을 위한 자금 조성의 일환으로 부동산 일부를 교회로부터 무상증여를 받는 경우이다. 이에 대하여 국세청은 다음과 같이 해석한다. 공익법인 등이 출연 받은 재산을 "당해 직접공익목적사업에 효율적으로 사용하기 위하여 주무관청의 허가를 받아 다른 공익법인 등에게 출연한 경우"가 아닌 경우에는 증여세가 과세된다(재산세과-161, 2011.3.30.에서 인용한 재산세과-6, 2009.8.25.). 따라서 「공익법인의 설립 및 운영에 관한 법률」을 적용받는 공익법인이 아닌 일반 비영리법인으로 허가를 받은 경우 "종교의 보급 및 기타 교화에 현저히 기여한 사업"이고, 「민법」 제32조 규정에 의거 주무장관으로부터 법인설립허가를 받은 사단법인으로 주무관청의 추천을 받아 기획재정부장관이 지정한 공익성기부금 대상단체이더라도 주무관청에서 「공익법인의 설립 및 운영에 관한 법률」에 따른 법인이 아닌 민법상 비영리법인으로 허가한 것이므로 재산이전에 대하여 승인을 해줄 사항이 아니라고 하여 승인을 받지 아니하고 증여를 한 경우에는 증여세가 과세된다(재산세과-161, 2011.3.30.).

(3) 부득이하게 고유목적에 사용하지 않은 경우도 비과세

출연 받은 재산을 직접공익목적사업에 사용함에 있어서 법령상 또는 행정상의 부득이한 사유 등으로 인하여 3년 이내에 전부 사용하는 것이 곤란한 경우로서 주무부장관(권한을 위임받은 자를 포함한다)이 인정한 경우로서

보고서(법 제48조 5항)를 제출한 경우는 제외한다(증여세법 제48조 제2항 제1호 단서, 증여세법시행령 제38조 제3항). 여기서 주무부장관은 종교단체 관련 업무의 지원 사항을 관할하는 문화체육부장관이다(재경원재산 46014-385, 1997. 11.12., 재산세과-1658, 2009.8.10.에서 재인용).

(4) 비과세 종교단체

증여세를 내지 않으려면 해당단체가 공익법인에 해당하는 종교단체이어야 한다. 그렇지 않은 경우 무조건 증여세가 과세된다. 이와 관련된 감사원 결정사례가 있다.

어떤 교회가 특정한 교파에 소속된 교회로 세무서로부터 법인으로 보는 단체로 승인을 받았다. 이 교회의 정관에는 하나님에 대한 예배, 기독교 교육, 복음 전도, 구제사업, 기도원, 수양시설 운영, 이와 관련된 부대사업을 목적으로 한다고 되어 있다. 그러나 이 교회는 교회등록 요건이 미비(정관상 운영위원은 교회의 대표자와 처 등 4명으로 구성되고 이 4명이 총신도의 수이다.)하여 그 교파에 등록되지 못하였다. 교회에 상주하는 목사·전도사 및 장로회 등의 조직이 없고, 교회시설 용도로 증여받은 부동산은 증여 인이 주택의 용도로 거주하고 있다. 따라서 정상적인 교회로 보기 어렵다. 종교활동을 수행하기 위하여 기본적으로 갖추어야 할 인적 조직 및 물적 시설이 없으며, 종교의 보급 기타 교화를 위한 공익목적사업을 영위한 사실이 없으므로 공익법인으로 볼 수 없다. 부동산을 증여한 사람은 그 후 그 부동산에 대한 원인무효의 소유권말소등기 청구의 소를 제기하였고, 현재 청구소송이 진행 중이다. 이렇게 증여인의 소유권이전등기말소 청구소송으로 교회 개원이 중단되었다고 주장하나 동 소송은 출연재산을 수증 받은 후 2년이 경과된 후에 제기되어 교회 개원 및 종교행사를 실시할 충분한 시간적 여유가 있었음에도 출연재산을 수증 받은 이후 정관에 정한 예배, 기독교 교육, 복음 전도, 수양관 운영 등을 하지 않았고, 종교집회 등을 개최한 사실이 없으며, 종교행사에 필요한 일체의 시설 등을 갖추지 않은 것으로 보아 당초 설립취지가 공익목적의 종교의 보급 기타 교화를 위한 것이었다고 보기 어렵다. 따라서 이는 공익법인으로 볼 수 없다. 이렇게 공익법인으로 보지 않는 경우 증여세의 납세의무는 증여에 의하여 재산을 취득하는 때에 발생한다. 따라서 이런 경우에는 부동산을 증여받아 수양관 등 종교용도로 사용하기 위하여 공사를 하다가 증여인 등의 부동산 반환요구로 수양시설을 개원하지 못하는 이유 등이 있기 때문에 부동산을 출연 받은 날부터 3년 이내에 직접 공익목적에 사용하지 않는 경우에 해당되지 아니하여 증여세과세가액에 산입 할 수 없다는 주장은 적용될 여지가 없다. 그리고 증여 원인무효의 소가 진행 중이더라도 소송결과 원인무효가 판시되어 소유권이 환원되지 않은 이상, 증여로 볼 수밖에 없다(감심2009-197, 2009.10.8.).

(5) 종교목적의 범위

가. 종교목적 사용으로 보는 경우: 담임목사 사택

종교의 보급 및 교화에 현저히 기여하는 사업을 영위하는 교회가 출연받은 재산을 예배당 또는 담임목사의 사택으로 사용하는 경우에는 직접공익목적사업을 수행하기 위하여 사용하는 것으로 본다. 그러나 당해 출연받은 재산을 부목사·전도사·선교사의 사택으로 사용하는 경우에는 직접 공익목적사업에 사용하는 것으로 보지 않는다. 다만, 당해 부목사 등의 사택이 교회의 경내에 소재한 경우로서 종교의 보급 기타 교화를 목적으로도 사용하는 경우에는 이를 직접 공익목적사업을 수행하기 위하여 사용하는 것으로 볼 수 있다(서면4팀-1278, 2006.5.4.).

나. 종교목적 사용으로 보는 경우: 교역자 퇴직금

종교단체가 정관에 규정된 퇴직금 지급규정에 따라 교역자 퇴직 시에 퇴직금을 지급하는 경우는 종교목적으로 사용한 것으로 본다. 이는 어떤 교회에서 다음과 같은 질의를 하여 국세청에서 회신한 것이다. 교회에 25년간 재직하다가 퇴직한(근로소득에 대한 소득세는 납부하지 않음) 목사에게 25년간 근무에 대하여 퇴직금조로 약167백만 원을, 원로목사의 예우차원에서 향후 생활비조로 현 급여의 70%에 상응하는 금전을 정년 85세까지 산출하여 약 756백만 원을 각각 지급하였다(재산세과-1500, 2009.7.21.). 여기서 주의할 점은 교회에 퇴직금 지급규정이 있어야 한다는 점이다. 그리고 이를 받은 교역자가 퇴직 소득세나 증여세를 납부할 의무가 있는지는 별개의 문제이므로 검토할 필요가 있다.

(6) 증여세 추징

가. 종교목적에 사용하지 않은 경우

출연 받은 재산을 직접 종교목적 같은 공익목적사업 등(직접 공익목적사업에 충당하기 위하여 수익용 또는 수익사업용으로 운용하는 경우를 포함)의 용도 외에 사용하거나 받은 날부터 3년 이내에 직접 종교목적 같은 공익목적사업 등에 사용하지 아니하는 경우에는 증여세를 내야한다(증여세법 제48조 제2항 제1호). 직접공익목적사업에 사용하는 것이란 종교법인 등 공익법인 등의 정관상 고유목적사업에 사용하는 것을 말한다(증여세법시행령 제38조 제2항).

이렇게 출연 받은 재산을 출연 받은 날부터 3년 이내에 직접 공익목적사업에 사용하지 아니하는 경우에는 증여세가 과세되지만 별도의 가산세는 부과되지 아니한다. 그리고 증여세 신고세액공제 대상에 해당되지 아니한다(재산세과-186, 2011.4.12.).

나. 종교목적 사용으로 보지 않는 경우: 고유목적 이외의 관리비 사용

당해 공익법인 등의 정관상의 고유목적사업에 직접 사용하는 시설에 소요되는 수선비·전기료·전화사용료 등의 관리비를 제외한 관리비로 사용하는 경우는 직접공익목적사업에 사용하는 것으로 보지 않는다(증여세법시행령 제38 제2항).

다. 수익사업에 사용한 경우

출연 받은 재산을 수익용 또는 수익사업용으로 운용하는 경우로서 그 운용소득을 직접 공익목적사업 외에 사용한 경우는 증여세를 과세한다(증여세법 제48조 제2항 제3호). 따라서 운용소득을 종교목적 등 공익목적에 사용하면 증여세를 내지 않는다.

라. 매각한 경우

종교단체가 증여 또는 출연 받은 재산을 매각하고 그 매각대금(매각대금에 의하여 증가한 재산을 포함하며 해당 자산매각에 따라 부담하는 국세 및 지방세 등은 제외한다.)을 종교 등 공익목적사업 외에 사용하거나 매각한 날이 속하는 과세기간 또는 사업연도의 종료일부터 1년 이내에 매각대금의 30%, 2년 이내에 매각대금의 60%, 3년 이내에 매각대금 중 직접 종교 등 목적

사업에 사용한 실적(매각대금으로 직접공익목적사업용 또는 수익사업용 재산을 취득한 경우를 포함한다.)이 매각대금의 90%에 미달하는 경우는 증여세를 부과하거나 가산세를 부과한다(증여세법 제48조 제2항 제4호 및 제5호, 증여세법 시행령 제38조 제4항 및 제7항). 즉 그 매각한 날이 속하는 사업연도종료일부터 1년 이내에 30%, 2년 이내에 60%에 미달하는 경우 그 미달사용 한 금액의 10%에 상당하는 금액을 가산세로 부과하는 것이며(증여세법 제48조 제2항, 서면4팀-562, 2007.2.12.), 3년 이내에 90%에 미달하게 사용한 경우 그 미달사용 한 금액에 대하여는 증여세가 부과되는 것이다(서면4팀-562, 2007.2.12.).

출연 받은 재산에는 수익용 또는 수익사업용 재산, 운용소득으로 취득한 재산 및 매각대금으로 취득한 다른 재산을 포함한다(서면4팀-562, 2007.2.12.). 매각대금에는 매각대금에 의하여 증가된 재산을 포함하되, 당해 재산매각에 따라 부담하는 국세 및 지방세는 제외한다(서면4팀-562, 2007.2.12.). 이 경우 공익법인이 출연 받은 재산의 매각대금으로 정관상 고유목적사업의 수행에 직접사용 하는 자산을 취득하거나 운용기간이 6월 이상인 수익용 또는 수익사업용 재산의 취득 및 운용에 사용하는 경우에는 직접 공익목적사업에 사용한 것으로 보는 것이다(서면4팀-562, 2007.2.12.). 이 경우 해당 매각대금 중 취득한 직접공익목적사업용 또는 수익사업용 재산에는 공익목적사업용 또는 수익사업용 재산을 취득하기 전에 일시 취득한 재산을 제외한다(증여세법시행령 제38조 제4항). 일시 취득한 재산은 매각대금으로 취득한 수익용 또는 수익사업용 재산으로서 그 운용기간이 6월 미만인 재산을 말한다(증여세법시행규칙 제10조의 7 제2항).

이 경우 해당 매각대금 중 직접공익목적사업용 또는 수익사업용 재산을 취득한 가액이 매 연도별 매각대금의 사용기준에 상당하는 금액에 미달하는 경우에는 그 차액에 대하여 이를 적용한다(증여세법시행령 제38조 제7항 후단).

직접 공익목적사업에 사용하는 것은 정관상 고유목적사업에 사용하는 것을 말한다(서면2팀-1223, 2004.6.14.). 예를 들어 종교단체가 정관에 규정된 퇴직금 지급규정에 따라 교역자 퇴직 시에 금품을 지급하는 경우는 직접 공익목적사업에 사용한 것으로 본다. 다만 이에 해당하는지 여부는 관련

사실을 관할세무서에서 확인하거나 조사할 수도 있다(재산세과-827, 2009.4.29., 재산세과-1228, 2009.6.19.에서 재인용). 유사한 사례를 보자. 교회의 목사가 자신의 소유 주택을 교회에 증여하고 교회를 운영하였으나 목사의 생활비는 거의 받지 못했다. 이렇게 증여한 교회의 토지와 건물을 양도하여 목사의 퇴직금과 밀린 봉급으로 정산하는 경우 증여세가 과세되는 가이다. 이렇게 종교단체가 정관에 규정된 퇴직금 지급규정에 따라 교역자 퇴직 시에 금품을 지급하는 경우는 직접공익목적사업에 사용한 것으로 본다(재산세과-827, 2009.4.29.).

마. 기타사유

종교단체가 그 사업을 종료한 때의 잔여재산을 국가·지방자치단체 또는 당해 공익법인 등과 동일하거나 유사한 공익법인 등에 귀속시키지 아니한 때는 증여세가 과세된다(증여세법 제48조 제2항, 증여세법시행령 제38조 제8항 제1호). 예를 들어 사단법인인 불교단체가 사단법인을 청산하고, 그 재산을 종교단체인 다른 불교단체 증여하는 경우에 이러한 규정이 적용된다. 이 경우 공익법인 등이 사업을 종료한 때의 잔여재산을 당해 공익법인 등과 동일하거나 유사한 공익법인 등에 귀속시킨 때에는 그 잔여재산에 대하여는 증여세가 과세되지 아니하는 것이며, 그 잔여재산은 당해 공익법인 등과 동일하거나 유사한 공익법인 등의 새로운 출연재산이 된다(재산세과-380, 2010.6.7.).

(7) 명의신탁의 경우

대한예수교장로회 총회유지재단 소속 대한예수교장로회 교회가 담임목사 사택을 구입하고자 하였으나, 교회의 재정사정이 어려워 금융기관의 대출을 받아야 했다. 그러나 금융기관에서 교회 명의로 대출이 불가능하다하여 부득이 담임목사인 개인 명의로 대출 및 주택을 취득하고 이후 대출금은 교회에서 상환하였다. 이렇게 부득이한 사정으로 종교단체의 고유목적사업에 해당하는 대표자사택을 종교단체의 재정으로 단지 명의만 대표자 개인의 명의로 취득하였던 주택을 실소유자인 종교단체명의로 증여등기 하였을 경우 증여세가 과세되는지 문제가 된다. 이에 대하여 국세청은 종중의 예를 들어 다음과 답변했다(서면상속증여-2312, 2015.11.27.). 종중 원 명의로 등기된 토지를 종중 명의로 등기이전 한 경우로서 그 이전된 토지가 당초부터 종중의 소유임이 확인되는 경우에는 증여세가 과세되지 아니하는 것이나 당초부터 종중 원 소유임이 확인되는 경우에는 증여세가 과세된다. 토지가 당초부터 종중의 소유인지 또는 종중원의 소유인지 여부는 종중 회칙(규약) 및 회의록과 재산목록 등에 의거 해당 부동산의 사실상 소유자, 소유형태 등 구체적인 사실을 확인하여 판단할 사항이다(법규재산2013-454, 2013. 12.10.).

3) 영수증 발행

(1) 세금의 혜택

기업이나 개인이 내는 기부금에 대하여 세법은 법정기부금, 지정기부금 및 비지정기부금으로 나누어 비용으로 인정한다. 따라서 기부금의 성격이 어디에 해당하는지, 영수증은 어떻게 발행해야 하는지를 알아야 한다.

법정기부금과 지정기부금은 일정한도까지 비용으로 인정된다. 그러나 비지정기부금은 비용으로 인정되지 않는다. 비지정기부금이란 세법이 정한 법정기부금금과 지정기부금을 제외한 기부금을 말한다(법인세법 제24조). 종교단체에 내는 지정기부금에 해당하므로 지정기부금만 설명한다.

(2) 지정기부금

지정기부금은 사회복지·문화·예술·교육·종교·자선·학술 등 공익성이 있는 목적에 사용되는 기부금을 말한다(법인세법 제24조 제1항). 지정기부금은 법인세법 시행령 제36조에 자세히 나열되어 있는데, 종교의 보급, 그밖에 교화를 목적으로 민법 제32조에 따라 문화체육관광부장관 또는 지방자치단체의 장의 허가를 받아 설립한 비영리법인(그 소속단체를 포함한다)에의 기부금이 해당된다(법인세법 시행령 제36조 제1항 제1호 마목). 국세기본법(제13조 제2항)에 따라 법인으로 보는 단체로 승인을 얻은 개별교회가 문화체육관광부장관 또는 지방자치단체의 장의 허가를 받아 설립한 비영리 종교법인의 소속단체인 경우에도 지정기부금 단체에 해당된다(법인세과-1283, 2009.11.17.). 또한 「사회복지사업법」에 의한 사회복지법인인 비영리법인(단체를 포함)에 내는 기부금은 지정기부금에 해당한다. 그리고 사회복지법인이 받은 기부금을 고유목적사업비로 지출하여야 한다(법인세법시행령 제36조 제1항 제1호).

이러한 기부금은 종교단체의 고유목적사업비로 지출하는 경우에만 기부금으로 인정된다(법인세법 시행령 제36조 제1항). 고유목적사업비란 당해 비영리법인 또는 단체에 관한 법령 또는 정관에 규정된 설립목적을 수행하는 사업(수익사업은 제외)에 사용하기 위한 금액을 말한다(법인세법시행령 제36조 제3항).

허가를 받지 않은 종교단체에의 기부금은 지정기부금에 해당하지 않는다. 설령 세무서장이 발급한 고유번호, 부동산등기법에 따른 종교단체 등록증명서가 있더라도 인정되지 않는다(조심2012구2650, 2012.7.20.). 개인사찰이 불교종단에 사찰등록을 하고 종단의 규약, 사찰등록증, 주지 임명장을 근거로 관할 세무서에 신청하여 법인으로 보는 단체로 승인을 받아 고유번호를 부여받은 후 임의로 탈종을 한 경우, 해당 개인사찰은 지정기부금단체로 볼 수 없다(법인세과-550, 2012.9.12.).

천도 재, 49재, 우란분절 기도 등을 올리기 위해 필요한 비용을 지출하는 경우 해당 비용은 무상으로 지출하는 것이 아니므로 지정기부금에 해당하지 않는다(기획재정부 소득세제과-100, 2013.2.18.).

(3) 영수증 발행

가. 종교단체별로 영수증 발행

종교의 보급, 그 밖에 교화를 목적으로 민법 제32조에 따라 문화체육관광부장관 또는 지방자치단체의 장의 허가를 받아 설립한 비영리법인 및 그 소속 단체가 고유목적사업비(수익사업 제외)로 기부금을 수령하는 경우 기부금을 수령하는 단체 명의로 기부금 영수증을 발급하여야 한다(법인세과-20, 2011.1.6.). 이는 사단법인 한국 미륵불교 총무원이 국세청에 질의한 것에 대한 국세청의 회신이다. 사단법인 한국 미륵불교 총무원은 불교의 교화를 목적으로 설립된 종교 법인으로 대표사찰과 본 종단 소속으로 50여개 사찰이 속해 있다. 이러한 종단의 경우 종단 소속 사찰이 기부금을 받는 경우 영수증을 대표사찰 명의로만 발행하여야 하는지 또는 종단에 등록된 50여개 사찰별로 발행하는지를 질의한 것이다.

기 부 금 영 수 증 발 급 명 세 서

사업연도 (과세기간)	. . ~ . .

1. 기부금 영수증 발급자(단체)	① 단 체 명		② 대 표 자	
	③ 사업자등록번호 (고 유 번 호)		④ 전화번호	
	⑤ 소 재 지			
	⑥ 유 형 (해당란에 √)	□ 정부등 공공 □ 교육 □ 종교 □ 사회복지 □ 자선 □ 의료 □ 문화 □ 학술 □ 기타		

2. 해당 사업연도(과세기간)의 기부금영수증 발급현황

(단위: 원)

⑦ 구 분 / ⑫ 기부자	⑧ 합 계		⑨ 법정기부금		⑩ 특례기부금		⑪ 지정기부금	
	건수	금액	건수	금액	건수	금액	건수	금액
법 인								
개 인								

「소득세법」제160조의 3 제3항 및「법인세법」제112조의 2 제3항에 따른 기부금 영수증 발급명세서를 제출합니다.

년 월 일

제출인 (서명 또는 인)

세무서장 귀하

작 성 방 법

1. 이 서식은 기부금영수증을 발급하는 자가 해당 사업연도(과세기간)의 종료일이 속하는 달의 말일부터 6개월 이내에 관할세무서장에게 제출하여야 합니다.
2. ⑥ 유형란: 기부금 영수증 발급자(단체)에 해당하는 유형을 선택합니다.
3. ⑧~⑪ 란: 해당 사업연도의 해당 기부금영수증 총 발급건수 및 총 발급금액을 적습니다.

210mm×297mm[백상지 80g/㎡ 또는 중질지 80g/㎡]

나. 기부금발급명세서 국세청제출

기부금영수증을 발급하는 자는 해당 사업연도의 기부금영수증 총 발급건수 및 금액 등이 적힌 기부금영수증 발급명세서를 해당 사업연도의 종료일이 속하는 달의 말일부터 6개월 이내에 관할세무서장에게 제출하여야 한다(법인세법 제112의 2 제3항, 소득세법 제160의 3 제3항).

기부금영수증 발급명세서를 제출하여야 하는 자는 기부하는 자가 개인인 경우 소득세법 시행규칙 [별지 제29호의 7 서식(2)]에 의한 기부금영수증 발급명세서를, 기부하는 자가 법인인 경우 법인세법 시행규칙 [별지 제75호의 3 서식]에 의한 기부금영수증 발급명세서를 작성·제출하여야 한다(소득세과-533, 2009.4.9.).

그리고 기부기업별 발급명세를 국세청장·지방 국세청장 또는 납세지관할 세무서장이 요청하는 경우 이를 제출하여야 한다(법인세법 §112의 2 ②, 소법 §160의 3 ②)(기부금영수증발급명세서).

다. 기부금발급명세서의 보관

기부금영수증을 발급하는 경우에는 기부자별 발급명세를 작성하여 발급한 날부터 5년간 보관하여야 한다(법인세법 제112조의 2 제1항, 소득세법 제160의 3 제1항). 발급명세에는 개인인 경우 기부자의 성명, 주민등록번호 및 주소, 법인인 경우 기부법인의 상호, 사업자등록번호 및 본점 등의 소재지, 기부금액, 기부금 기부일자, 기부금영수증 발급일자 등이 기록된다(법인세법 시행령 제155조의 2, 소득세법시행령 제208의조 3 제1항).

라. 발급명세서 미 작성 및 허위영수증에 대한 가산세

종교단체가 법인인 경우 기부금영수증을 사실과 다르게 발급한 경우에는 사실과 다르게 발급된 금액의 2%, 발급명세를 작성·보관하지 아니한 경우에는 작성·보관하지 아니한 금액의 0.2%의 가산세가 부과된다. 이는 법인세의 산출세액 또는 결정세액이 없는 경우에도 징수된다(법인세법 제76조 제10항). 기부금 영수증을 사실과 다르게 발급하는 경우에는 사실과 다르게 발급한 금액의 2%를 가산세로 부과하는 것(법인세과-20, 2011.1.6.)인데 차액을 말하는지 총액을 말하는지가 명확하지 않다. 종교단체가 법인이 아닌 경우에는 차액에 대하여 가산세를 부과한다고 규정하고 있다.

즉 종교단체가 법인이 아닌 경우 기부금영수증을 발급하는 자가 기부금영수증을 사실과 다르게 기재한 경우에는 사실과 다르게 발급된 금액(영수증에 실제 기재된 금액과 건별로 발급하여야 할 금액과의 차액을 말한다)의 2%, 발급된 금액이외에 기부자의 인적 사항 등이 사실과 다르게 발급된 경우에는 영수증에 기재된 금액의 2%, 기부자별 발급명세서를 작성·보관하지 아니한 경우에는 그 작성·보관하지 아니한 금액의 0.2%를 가산세로 내야한다(소득세법 제81조 제12항). 소득세의 산출세액이 없는 경우에도 가산세는 낸다(소득세법 제81조 제13항).

(4) 기업의 비용처리

종교의 보급, 그밖에 교화를 목적으로 「민법」 제32조에 따라 문화체육관광부장관 또는 지방자치단체의 장의 허가를 받아 설립한 비영리법인이나 그 소속단체가 세무서에서 고유번호를 부여받지 않은 경우라도 해당 단체는 지정기부금 단체에 해당한다(소득세과-1301, 2010.12.31.). 예를 들어 교회법인의 소속 개별교회가 세무서로부터 고유번호를 부여받지 않는 경우라도 비용처리를 할 수 있다(법인세제과-714, 2010.8.27.).

종교단체에 기업이 기부금을 내는 경우 주의할 점이 있다. 그 기부가 기업의 대표자나 주주 등과 관계없이 하는 경우에는 세법이 정하는 한도 내에서 비용으로 인정된다. 그러나 그 기업의 대표자가 종교단체의 대표자와 특수한 관계가 있는 경우에는 조심하여야 한다. 이 경우 기업의 대표자가 부담할 기부를 기업이 대신 한 것으로 볼 수도 있기 때문이다. 후자에 해당하는 경우에는 기업의 비용으로 인정받지 못한다. 예를 들어 종교단체의 대표자가 기업의 대표자의 부모인 경우이다. 이렇게 기업의 대표이사가 부담하여야 할 기부금을 법인이 대신 부담한 경우에는 동 기부금은 비용으로 인정되지 않으며 대표이사가 상여를 받은 것으로 보아 세금을 내야한다(법인세과-1053, 2010.11.10.).

2. 수입의 과세

1) 과세의 범위

(1) 사업성 있는 수입

영리를 목적으로 하는 사업만 과세되므로 영리목적이 아닌 경우는 제외된다. 또한 그러한 영리사업을 어느 정도 계속적으로 사업으로 하여야만 과세된다. 즉 과세대상 사업은 그 사업 활동이 각 사업연도의 전 기간에 걸쳐 계속하여 행하여지는 사업과 상당기간에 걸쳐 계속적으로 행하여지거나 정기적 또는 부정기적으로 상당회수에 걸쳐 행하여지는 사업이다(법인세법시행규칙 제1조). '상당기간에 걸쳐 계속적으로 행하여지거나 정기적 또는 부정기적으로 상당횟수에 걸쳐 행하여지는 사업'의 예를 들면 큰 행사를 하면서 이루어지는 물품판매가 여기에 해당한다. 따라서 일시적인 경우와 같이 '사업'으로 하는 것이 아닌 경우에는 수익사업에 해당하지 않는다. 예를 들어 일시적인 저작권의 사용료로 받은 인세수입과 업무와 직접 관계없이 타인으로부터 무상으로 받은 자산의 가액, 외국원조수입 또는 구호기금수입은 수익사업에 해당하지 않는다(법인세법기본통칙 제3-2…2).

(2) 수입사업만 과세

고유사업인 종교목적 헌금이나 기부금 등은 과세되지 않는다. 하지만 종교 사업이 아니 수익사업은 과세된다.

비영리법인은 수익사업 즉 사업소득, 이자소득, 배당소득, 주식양도소득, 고정자산처분수입, 무형자산처분수입과 기타 영업수입에 대하여는 과세한다(법인세법 제3조 제3항). 수익사업에서 생긴 소득이란 해당 사업에서 생긴 주된 수입금액 및 이와 직접 관련하여 생긴 부수수익의 합계액에서 해당 사업수익에 대응하는 손비를 공제한 소득을 말한다(법인세 집행기준 제3-2-1 제1항). 비영리내국법인의 수익사업과 비수익사업은 해당 사업 또는 수입의 성질을 기준으로 구분한다(법인세법기본통칙 제3-2…3).

(3) 사업의 소득

가. 사업의 범위

제조업, 건설업, 도매업·소매업, 소비자용품수리업, 부동산·임대 및 사업

서비스업 등 수익이 발생하는 사업으로서 통계청장이 고시하는 한국표준산업분류에 의한 각 사업 중 수익이 발생하는 것이 과세대상이다(법인세법 제3조 제3항 제1호, 법인세법시행령 제2조 제1항). 한국표준산업분류는 모든 산업을 분류한 것이므로 수입이 발생하는 거의 모든 사업이 과세된다. 다만 이러한 영리사업이라도 비과세되는 사업도 있다. 그러나 과세되는 사업은 이러한 사업을 한다고 모두 과세되는 것이 아니라 그 사업 활동이 각 사업연도의 전 기간에 걸쳐 계속하여 행하여지는 사업이 과세된다. 이에는 상당기간에 걸쳐 계속적으로 행하여지거나 정기적 또는 부정기적으로 상당회수에 걸쳐 행하여지는 사업을 포함한다(법인세법시행규칙 제1조).

나. 비과세 사업

(가) 농업과 축산

축산업(축산관련서비스업 포함)·조경수 식재 및 관리서비스 업 외의 농업은 비과세한다(법인세법시행령 제2조 제1항 제1호). 예를 들어 학교법인의 임야에서 발생한 수입과 임업수입은 수익사업이다(법인세법기본통칙 §3-2…3 1호 가목). 또한 전답을 대여 또는 이용하게 함으로써 생긴 소득도 수익사업이다(법인세법기본통칙 §3-2…3 1호 마목).

(나) 연구 및 개발

사업서비스업 중 연구 및 개발 업은 과세하지 않는다. 그러나 계약 등에 의하여 그 대가를 받고 연구 및 개발용역을 제공하는 사업은 과세한다(법인세법시행령 제2조 제1항 제2호). 예를 들어 학교부설연구소의 원가계산 등의 용역수입은 수익사업으로 과세한다(법인세법기본통칙 §3-2…3 1호 나목).

(다) 교육과 학교

교육서비스 중「유아교육법」에 따른 유치원,「초·중등교육법」및「고등교육법」에 따른 학교,「경제자유구역 및 제주국제자유도시의 외국교육기관 설립·운영에 관한 특별법」에 따른 외국교육기관(정관 등에 따라 잉여금을 국외 본교로 송금할 수 있거나 실제로 송금하는 경우는 제외한다.)과「평생교육법」제31조 제4항에 따른 전공대학 형태의 평생교육시설 및 같은 법 제33조 제3항에 따른 원격대학 형태의 평생교육시설을 경영하는 사업은 과세하지 않는다(법인세법시행령 제2조 제1항 제3호). 그러나 학교에서 전문의를 고용하여 운영하는 의료수입은 과세한다(법인세법기본통칙 §3-2…3 1호 다목).

(라) 복지사업 등

보건 및 사회복지사업 중 다음에 해당하는 사회복지시설에서 제공하는 사회복지사업은 과세하지 않는다(법인세법시행령 제2조 제1항 제4호).

표 7_ 수익사업에서 제외되는 사회복지사업

가. 「사회복지 사업법」제34조에 따른 사회복지시설 중 사회복지관, 부랑인·노숙인 시설 및 결핵·한센인 시설
나. 「국민기초생활보장법」제15조의 2 제1항 및 제16조 제1항에 따른 중앙자활센터 및 지역자활센터
다. 「아동복지법」제16조 제1항에 따른 아동복시시설
라. 「노인복지법」제31조에 따른 노인복지시설(노인전문병원은 제외한다)
마. 「노인장기요양보험법」제2조 제4호에 따른 장기요양기관
바. 「장애인복지법」제58조 제1항에 따른 장애인복지시설
사. 「한부모가족지원법」제19조 제1항에 따른 한부모가족복지시설
아. 「영유아보육법」제10조에 따른 보육시설
자. 「성매매방지 및 피해자보호 등에 관한 법률」제6조 제2항 및제10조 제2항에 따른 지원시설 및 성매매피해상담소
차. 「정신보건법」제3조 제4호 및 제5호에 따른 정신질환자사회복귀시설 및 정신요양시설
카. 「성폭력방지 및 피해자보호 등에 관한 법률」제10조 제2항 및제12조 제2항에 따른 성폭력피해상담소 및 성폭력피해자보호시설
타. 「입양촉진 및 절차에 관한 특례법」제10조 제1항에 따른 입양기관
파. 「가정폭력방지 및 피해자보호 등에 관한 법률」제5조 제2항 및 제7조 제2항에 따른 가정폭력 관련 상담소 및 보호시설
하.「다문화가족지원법」제12조 제1항에 따른 다문화가족지원센터

다. 종교의 면세

주무관청에 등록된 종교단체와 그 소속단체가 공급하는 용역 중「부가가치세법」제26조 제1항 제18호에 따라 부가가치세가 면제되는 용역을 공급하는 사업은 수익사업에서 제외된다(법인세법시행령 제2조 제1항 제7호). 즉 주무관청의 허가 또는 인가를 받거나 주무관청에 등록된 종교단체가 그 고유의 사업목적을 위하여 일시적으로 공급하거나 실비 또는 무상으로 공급하는 재화 및 용역이다(부가가치세법 제26조 제1항 제18호, 부가가치세법시행령 제45조 제1호). 이에 따라 면세되는 재화 또는 용역의 공급에 필수적으로 부수되는 재화 또는 용역의 공급은 면세되는 재화 또는 용역의 공급에 포함되는 것으로 본다(부가가치세법 제14조). 주무관청에 등록된 종교단체 등의 임대수입은 수익사업으로 과세되지만 그 고유의 사업목적을 위하여 일시적으로 공급하거나 실비 또는 무상으로 공급하는 경우로 위의 면세대상인 경우는 제외한다(법인세법기본통칙 §3-2…3 1호 라목).

라. 사업의 사례

(가) 회원의 회비

회원으로부터 받는 회비 또는 추천수수료(법인세법기본통칙 §3-2…3 2호 다목)는 수익사업에 해당하지 않는다.

(나) 간행물 발간

정기간행물 발간사업은 수익사업에 해당한다(법인세법기본통칙 §3-2…3 1호 바목). 회원으로부터 받는 회비 또는 추천수수료라도 간행물 등의 대가가 포함된 경우에는 그 대가 상당액을 정기간행물 발간수입으로 본다(법인세법기본통칙 §3-2…3 2호 다목 괄호). 회비 등의 명목으로 간행물발행 대가를 징수하는 경우란 회원에게 배포한 간행물 등이 독립된 상품적 가치가 있다고 인정되는 것으로서 그 대가 상당액을 별도의 회비 명목으로 징수하는 경우와 건전한 사회통념에 비추어 보아 소속회원에게 봉사하는 정도를 넘는 회비를 징수하고 간행물 등을 배포하는 경우를 말한다(법인세 집행기준 §3-2-3 ②).이런 경우에는, 비영리내국법인이 간행물 등을 발간하여 직접적인 대가를 받지 아니하고 회비 등의 명목으로 그 대가를 징수하는 경우에는 그 회비 중 해당 간행물 등의 대가 상당금액을 수입금액으로 한다. 그러나 회원이외의 자로부터 그 대가를 받지 아니하고 회비 등의 명목으로 금전을 수수하는 경우에는 그 수수하는 금액을 수입금액으로 한다(법인세 집행기준 §3-2-3 ①).

회비의 경우 특별히 정해진 법률상의 자격을 가진 자를 회원으로 하는 법인이 그 대부분을 소속회원에게 배포하기 위하여 주로 회원의 소식, 기타 이에 준하는 내용을 기사로 하는 회보 또는 회원명부 발간사업과 학술, 종교의 보급, 자선, 기타 공익을 목적으로 하는 법인이 그 고유목적을 달성하기 위하여 회보 또는 회원명부를 발간하고 이를 회원 또는 불특정 다수인에게 무상으로 배포하는 것으로서 통상 상품으로 판매되지 아니하는 것은 제외한다(법인세법기본통칙 §3-2…3 1호 바목 단서).

광고수입은 모두 수익사업에 해당한다(법인세법기본통칙 §3-2…3 1호 사목). 비영리내국법인이 수익사업으로 보지 아니하는 회보 등을 발간함에 있어서 동 회보에 광고를 게재하는 경우 회보발간비용은 광고수입에 대응하는 손금으로 한다. 이 경우 광고수입을 초과하는 회보발간비용은 비수익사업에 속하는 것으로 한다(법인세 집행기준 §3-2-4).

(다) 구내식당

회원에게 실비로 제공하는 구내식당 운영수입은 수익사업에 해당한다(법인세법기본통칙 §3-2…3 1호 아목).

(라) 교육훈련

교육훈련에 따른 수입(법인세법기본통칙 §3-2…3 1호 하목)은 수익사업에 해당한다.

(4) 이자와 배당

이자소득(법인세법 §3 ③ 2호)과 배당소득(법인세법 §3 ③ 3호)은 과세대상이다. 따라서 예금이자에 대하여 원천징수를 한다. 예를 들어 회원에게 대부한 융자금의 이자수입은 수익사업에 해당한다(법인세법기본통칙 §3-2…3 1호 카목).

(5) 유가증권 등

주식·신주인수권 또는 출자지분의 양도로 인하여 생기는 수입은 과세대상이다(법인세법 제3조 제3항 제4호).

(6) 고정자산 등

고정자산의 처분으로 인하여 생기는 수입은 과세대상이다(법인세법 제3조 제3항 제5호).

다만 고정자산의 처분일 현재 3년 이상 계속하여 법인세법시행령 또는 정관에 규정된 고유목적사업에 직접 사용한 것은 과세하지 않는다. 이 경우 해당 고정자산의 유지·관리 등을 위한 관람료·입장료수입 등 부수수익이 있는 경우에도 이를 고유목적사업에 직접 사용한 고정자산으로 본다(법인세법 §3 ③ 5호, 법인세법시행령 제2조 제2항). 고유목적사업에는 과세되는 사업의 수익사업은 제외한다(법인세법시행령 제2조 제2항). 이 경우 3년 이상 계속하여 사용하였는지 여부의 판단에 있어 고유목적사업에 사용한 기간은 그 고정자산을 취득한 날부터 기산하고, 증여로 인한 취득일 경우에는 소유권이전 등기일을 취득일로 한다(법인세 집행기준 §3-2-5 ①). 다만 법인격 없는 단체가 법인으로 승인 받기 전에 취득한 부동산을 처분하는 경우 법인으로 보는 단체로 승인 받기 전부터 사실상 고유목적사업에 직접 사용한 때에는 고유목적사업에 사용한 날부터 기산한다(법인세 집행기준 §3-2-5 ②).

(7) 무형자산 등

부동산을 취득할 수 있는 권리(건물이 완성되는 때에 그 건물과 이에 딸린 토지를 취득할 수 있는 권리를 포함한다), 지상권, 전세권과 등기된 부동산임차권(소득세법 §94 ① 2호)의 양도로 인한 수입은 과세한다(법인세법 제3조 제3항 제6호).

(8) 부동산 권리

사업용 고정자산인 토지와 건축물과 함께 양도하는 영업권(영업권을 별도로 평가하지 아니하였으나 사회통념상 자산에 포함되어 함께 양도된 것으로 인정되는 영업권과 행정관청으로부터 인가·허가·면허 등을 받음으로써 얻는 경제적 이익을 포함한다), 이용권·회원권, 그밖에 그 명칭과 관계없이 시설물을 배타적으로 이용하거나 일반이용자보다 유리한 조건으로 이용할 수 있도록 약정한 단체의 구성원이 된 자에게 부여되는 시설물 이용권(법인의 주식 등을 소유하는 것만으로 시설물을 배타적으로 이용하거나 일반이용자보다 유리한 조건으로 시설물 이용권을 부여받게 되는 경우 그 주식 등을 포함한다), 부동산과다보유회사의 주식(소득세법 §94 ① 4호)의 양도로 인하여 생기는 수입은 과세한다(법인세법 제3조 제3항 제6호).

2) 수입의 회계

수익사업에서 생긴 소득은 해당 수익사업에서 생긴 주된 수입금액 및 이와 직접 관련하여 생긴 부수수익의 합계액이다(법인세법기본통칙 제3-2…1 제1항). 여기서 부수수익이란 수익사업과 관련하여 부수적으로 발생하는 수익을 말하는데, 예를 들어 부산물, 작업폐물 등의 매출액 및 역무제공에 의한 수입 등과 같이 기업회계 관행상 영업수입금액에 포함하는 금액·수익사업과 관련하여 발생하는 채무면제이익, 외환차익, 매입할인, 원가차익 및 상각채권추심이익 등·수익사업과 관련하여 지출한 손금 중 환입된 금액·수익사업의 손금에 산입한 제 준비금 및 충당금 등의 환입 액·수익사업용 자산의 멸실 또는 손괴로 인하여 발생한 보험차익·수익사업에 속하는 수입금액의 회수지연으로 인하여 받은 연체이자 또는 연체료수입(수익사업과 관련된 계약의 위약, 해약으로 받는 위약금과 배상금 등을 포함한다)이 포함된다(법인세법기본통칙 제3-2…1 제2항).

수익사업에 속하는 것과 비수익사업에 속하는 것을 예시하면 다음과 같다(법인세법기본통칙 제3-2…3)

1. 수익사업에 속하는 것
   가. 학교법인의 임야에서 발생한 수입과 임업수입
   나. 학교부설연구소의 원가계산 등의 용역수입
   다. 학교에서 전문의를 고용하여 운영하는 의료수입
   라. 주무관청에 등록된 종교단체 등의 임대수입. 다만, 영 제2조 제1항 제7호에 해당되는 경우는 제외한다.
   마. 전답을 대여 또는 이용하게 함으로써 생긴 소득
   바. 정기간행물 발간사업. 다만, 특별히 정해진 법률상의 자격을 가진 자를 회원으로 하는 법인이 그 대부분을 소속회원에게 배포하기 위하여 주로 회원의 소식, 기타 이에 준하는 내용을 기사로 하는 회보 또는 회원명부(이하 "회보 등"이라 한다)발간사업과 학술, 종교의 보급, 자선, 기타 공익을 목적으로 하는 법인이 그 고유목적을 달성하기 위하여 회보 등을 발간하고 이를 회원 또는 불특정

다수인에게 무상으로 배포하는 것으로서 통상 상품으로 판매되지 아니하는 것은 제외한다.

사. 광고수입

아. 회원에게 실비 제공하는 구내식당 운영수입

자. 급수시설에 의한 용역대가로 받는 수입

차. 운동경기의 중계료, 입장료

카. 회원에게 대부한 융자금의 이자수입

타. 유가증권대여로 인한 수수료수입

파. 조합공판장 판매수수료수입

하. 교육훈련에 따른 수업료 수입

2. 비수익사업에 속하는 것

가. 징발보상금

나. 일시적인 저작권의 사용료로 받은 인세수입

다. 회원으로부터 받는 회비 또는 추천수수료(간행물 등의 대가가 포함된 경우에는 그 대가 상당액을 제외한다)

라. 외국원조수입 또는 구호기금수입

마. 업무와 직접 관계없이 타인으로부터 무상으로 받은 자산의 가액

3. 부가세 과세

종교단체가 영리사업을 하지 않는 한 종교목적으로 받는 헌금, 기부금 등은 부가가치세를 내지 않는다. 그러나 영리사업을 하는 수익사업에서 발생한 수입은 부가가치세를 내야한다.

그러나 수익사업이라도 일시적인 사업으로 발생한 것은 부가가치세를 내지 않는다. 종교단체(상속세 및 증여세법 시행령 제12조 각호의 1에 규정하는 사업 또는 부가가치세법 시행규칙 11조의 5 1항에 정하는 사업)을 하는 단체가 그 고유의 사업목적을 위하여 일시적으로 공급하거나 실비 또는 무상으로 공급하는 재화 및 용역은 부가가치세를 면제한다(부가가치세법 제26조 제1항 제18호, 부가치세법시행령 제45조 제1호, 부가가치세법시행규칙 제34조). 이 경우 부가가치세 면제 여부는 공익단체 해당 여부, 고유의 사업목적 및 대가의 실비 여부 등에 따라 판단한다(부가가치세과-1656, 2010.12.14, 부가가치세과

-800, 2011.7.21.에서 인용.). 그러나 소유부동산의 임대 및 관리 사업이나 자체기금조성을 위하여 생활필수품, 고철 등을 공급하는 사업 같이 계속적으로 운영 관리하는 수익사업과 관련하여 공급하는 재화 또는 용역에 대하여는 면세하지 아니한다(부가가치세법 기본통칙 12-37-2, 부가가치세과-800, 2011. 7.21.에서 인용.). 또한 문화재보호법에 의한 지정문화재(지방문화재를 포함하며 무형문화재를 제외한다)를 소유 또는 관리하고 있는 종교단체(주무관청에 등록된 종교단체에 한한다)의 경내지 및 경내지 내의 건물과 공작물의 임대용역은 부가가치세를 면제한다(부가가치세법시행령 제45조 제3호).

종교단체는 사업을 영위하지 않으므로 지출과 관련된 매입세액을 돌려받을 수는 없다. 그러나 종교단체가 수익사업을 영위하는 경우에는 사업과 관련된 매입세액은 공제받을 수 있다. 예를 들어보자. 한 개인인 소속 종교단체의 신도들의 교육을 관장하고 지역별 신도 교육센터를 운영하면서 과세사업으로서 인터넷 유치 서비스 및 잡화 소매업을 하는 경우이다. 이런 경우 지출한 임대료와 기타 지출과 관련된 부가가치세 매입세액은 인터넷 전화 등을 하여 받는 사업과 관련한 것만 공제하며 무상으로 제공되는 교육관련 금액은 사업과 직접 관련이 없으므로 공제할 수 없다(조심2011중94, 2011.2.28.).

4. 비용의 회계

종교단체의 종교목적 지출은 조세와는 관련이 없으므로 기업회계나 세법에 따라 회계를 할 필요는 없다. 많은 종교단체가 현금기준으로 회계를 한다. 그러나 종교단체의 비영리목적 회계도 복식회계와 기업회계에 따라 회계를 하는 것이 수지와 재무를 파악하는 데 도움이 된다.

종교단체가 수익사업을 하는 경우 수익사업과 관련된 지출은 기업회계와 세법에 따라 하여야 한다. 쉬운 일이 아니며 전문적인 회계담당자를 고용하여야 하지만 비용도 많이 들고 한 사람으로 어렵다. 회계사 등 전문가를 찾는 것이 바람직하다. 종교단체가 수익사업을 하는 경우 수익사업의 비용은 수입사업 수익에 대응하는 지출이다(법인세법기본통칙 제3-2…1 제1항). '대응하는'이란 수입을 얻는데 필요하거나 관련된 지출임을 의미한다.

제2절 세금의 감면

1. 기부금 처리

법인으로 보는 단체 중 「법인세법시행령」 제56조 제1항에 해당하는 사회복지법인, 학교, 학술연구단체·장학단체·기술진흥단체, 문화·예술단체, 종교단체, 의료법인 등을 제외한 단체의 수익사업에서 발생한 소득을 고유목적사업비로 지출하는 금액은 지정기부금으로 본다(법인세법시행령 제36조 제2항). 따라서 종교단체 등은 수익사업의 이익을 고유목적에 사용하더라도 지정기부금으로 인정되지 않는다. 고유목적사업비란 당해 비영리법인 또는 단체에 관한 법인세법시행령 또는 정관에 규정된 설립목적을 수행하는 사업(수익사업은 제외)에 사용하기 위한 금액을 말한다(법인세법시행령 제36조 제3항).

2. 종교용 감면

1) 세금의 면제

종교 법인이 영리사업을 운영하여 이익이 난 경우 법인세를 내야한다. 그러나 이 이익을 종교단체의 고유목적사업인 종교목적으로 사용하는 경우 세금을 내지 않아도 된다. 이를 위하여 세법에서 정한 것이 '고유목적사업 준비금'이다. 이는 종교 법인이 벌은 이익을 향후 종교목적에 사용할 금액을 미리 비용으로 인정하여 과세하지 않는 제도이다.

고유목적사업이란 비영리내국법인인 종교법인의 법령 또는 정관에 규정된 설립목적을 직접 수행하는 사업으로서 수익사업 외의 사업을 말한다(법인세법시행령 제56조 제5항).

그러나 비영리내국법인의 수익사업에서 발생한 소득에 대하여「법인세법」 또는「조세특례제한법」에 따른 비과세·면제, 준비금의 손금산입, 소득공제 또는 세액감면(세액공제를 제외)을 적용받는 경우에는 고유목적사업 준비금을 손금으로 산입 할 수 없다. 이중적으로 감면을 받을 수 없다는 것이다. 다만, 고유목적사업 준비금만을 적용받는 것으로 수정신고 한 경우를 제외한다(법인세 집행기준 제29-56-5). 즉 비과세 등으로 하였더라도 나중 수정하여 고유목적사업 준비금을 설정하는 것으로 수정하여 신고할 수 있다는 것이다.

2) 적용의 대상

비영리내국법인인 종교 법인이면 준비금을 설정할 수 있다.

그리고 법인등기를 하지 않았지만 법인으로 보는 종교단체와 사회복지법인의 경우에도 적용된다(법인세법 제29조 제1항, 법인세법시행령 제56조 제1항). 그러나 법인등기를 하지 않은 종교단체는 문화체육관광부장관 또는 지방자치단체의 장의 허가를 받아 설립(과거에는 주무관청에 등록)하여야 이 규정이 적용된다(법인세법시행령 제56조 제1항, 법인세법시행령 제36조 제1항 제1호 마목). 비영리법인의 경우 2001사업연도 이전까지는 고유목적사업 준비금을 손금산입 할 수 있는 대상법인의 범위에 '종교의 보급 기타 교화에 현저히 기여하는 사업'을 운영하는 단체를 포함하고 있어 주무관청에 등록되지 아니한 종교단체도 고유목적사업 준비금을 손금산입 할 수 있었으나 2001. 12.31. 「법인세법시행령」의 개정으로 2002.1.1.이후에는 '종교의 보급 기타 교화를 목적으로 설립하여 주무관청에 등록된 단체'에 한하여 고유목적사업 준비금을 손금산입 할 수 있도록 그 대상을 제한적으로 규정하였다(조심2009서3483, 2009.12.11.). 일부교회가 허가를 받지 않거나 주무관청에 등록하지 않고 준비금을 설정할 수 있다고 소송을 했으나 패소하였다(서울행법 2009구합34945, 2010.1.8.).

또한 법인인 종교단체의 소속단체를 포함한다(법인세법시행령 제36조 제1항 제1호 마목). 종교법인의 소속단체에 대한 적용은 2009.1.1. 이후 개시하는 사업연도부터 적용되기 시작했다(법인세제과-435, 2010.6.3.). 예를 들어 법인으로 보는 단체로 승인을 얻은 개별교회가 비영리법인의 소속단체인 경우에는 고유목적사업 준비금을 손금으로 계상할 수 있다(법인세과-571, 2009. 5.13.). 과거에는 설립허가를 받아 종교단체로 등록한 종교법인의 소속 교회이기는 하나 동 재단과 별개로 설립되어 자신의 계산과 명의로 수입과 재산을 독립적으로 관리하고 있는 경우에는 고유목적사업 준비금의 설정대상이 아니었다(국심 2006서3170, 2006.9.2.).

3) 감면의 내용

종교 법인은 예금은 이자를 받는데 이 때 14%의 세금을 빼고 받는다. 이렇게 떼인 세금도 종교 법인이 이러한 이자를 종교목적에 사용하는 경우 환급받을 수 있다(법인세법 제29조 제1항 제1호). 배당소득도 환급받을 수 있다(법인세법 제29조 제1항 제2호).

이러한 이자와 배당을 제외한 사업에서 발생한 이익은 종교목적으로 사용하는 경우 50%만 세금을 내지 않고 나머지 50%는 세금을 낸다(법인세법 제29조 제1항 제4호).

여기서 수익사업에서 발생한 이익 또는 소득이란 이자소득과 배당소득을 제외하고, 고유목적사업 준비금을 설정하기 전의 수익사업에서 발생한 소득금액에서 과거에 발생한 손실인 이월결손금을 차감한 금액을 말한다(법인세법시행령 제56조 제3항).

4) 회계의 방법

(1) 준비금의 설정

이러한 감면 규정은 종교 법인의 이익을 앞으로 종교목적으로 지출할 금액만큼 미리 비용으로 인정하여 세금을 감면해주는 방식이다. 따라서 그 금액만큼 미리 비용으로 계상하여야 한다. 회계처리는 다음과 같이 한다.

(차) 고유목적사업 준비금전입 2,000,000 (대) 고유목적사업 준비금 2,000,000

고유목적사업 준비금전입은 손익계산서에 비용으로 계상되고 고유목적사업 준비금은 대차대조표에 부채로 기록된다.

(2) 고유목적에 사용 시

이렇게 연도 말에 준비금을 설정한 후 관련 비용이 지출되면 비용으로 처리하지 않고 다음과 같이 처리하여야 한다(법인세법 제29조 제2항).

(차) 고유목적사업 준비금 2,000,000 (대) 현금 등 2,000,000

이 때 매년 계속 준비금을 설정하는 경우 먼저 계상한 사업연도의 고유목적사업 준비금으로부터 순차로 상계한다. 만일 준비금 잔액을 초과하여 지출하는 경우 올해도 설정할 것이라면 올해 계상할 고유목적사업 준비금에서 상계한다(법인세법 제29조 제2항).

(3) 고유목적사업의 범위

고유목적에 사용하는 것의 범위에는 비영리내국법인인 종교 법인이 당해 고유목적사업의 수행에 직접 소요되는 고정자산 취득비용 및 인건비 등 필요경비로 사용하는 금액을 포함한다(법인세법시행령 제56조 제6항). 수익사업에서 발생한 소득으로 해당 비영리법인의 고유목적사업 수행을 위하여 실제로 지출(연구비나 장학금 등 지급)하는 것을 말한다. 고유목적 사업에 직접 사용하기 위하여 사무실을 임차하기 위하여 지급한 임차보증금 및 임차료도 포함된다(법인세 집행기준 29-56-7).

(4) 사용기간

이렇게 설정한 고유목적사업 준비금은 5년 내에 고유목적 사업에 사용하여야 한다. 만일 5년 내에 사용하지 못한 부분이 있는 경우 그 잔액에 대하여는 세금을 내야한다(법인세법 제29조 제3항 제4호). 이 경우 그 기간 동안의 이자도 내야한다(법인세법 제29조 제5항). 이자금액은 사용되지 않은 준비금을 당초에 설정하지 않은 경우 냈어야 하는 법인세에 준비금을 설정한 연도의 다음연도 1월 1일부터 미사용연도의 종료일까지의 기간에 대하여 하루에 1만분의 3(연간 10.95%으로 5년이 지나면 54.75%가 된다.)을 낸다(법인세법시행령 제56조 제7항).

5) 세금의 추징

종교 법인이 해산하거나, 종교 보급이나 교화 사업을 전부 그만두거나, 법인으로 보는 종교단체가 「국세기본법」 제13조 제3항의 규정에 의하여 승인취소 되거나 법인이 아닌 자로 변경된 때에는 준비금 잔액에 대하여 세금을 추징한다(법인세법 제29조 제4항).

6) 적용의 배제

(1) 중복적용의 배제

「법인세법」 또는 다른 법률에 의하여 종교 법인이 감면 등을 적용받는 경우에는 동 준비금을 설정할 수 없다(법인세법 제29조 제6항). 이에는 「법인세법」 또는 「조세특례제한법」에 따른 비과세·면제, 준비금의 손금산입, 소득공제 또는 세액감면(세액공제를 제외한다)을 적용받는 경우를 말한다(법인세법시행령 제56조 제8항).

7) 신고와 납부

동 준비금을 설정하려는 종교 법인은 당해 준비금의 계상 및 지출에 관한 명세서를 비치·보관하고 이를 납세지관할세무서장에게 제출하여야 한다(법인세법 제29조 제7항).

제3절 법인세 신고

1. 일반적 신고

비영리법인의 수익사업에 대한 과세표준 신고는 영리법인의 관련규정을 준용한다(법인세 집행기준 제62-99-1). 따라서 영리법인과 동일하게 법인세신고, 부가가치세 신고, 원천징수 신고를 하여야 한다.

그러나 비영리내국법인이 원천징수 된 이자소득에 대해서는 법인세신고를 하지 아니할 수 있다. 이 경우 과세표준 신고를 하지 아니한 이자소득은 법인의 수입에서 제외된다(법인세법 제62조 제1항). 또한 원천징수 된 이자소득 중 일부에 대하여도 법인세신고를 하지 아니할 수 있다(법인세법시행령 제99조 제1항). 그러나 법인세신고를 일단 하지 않으면 수정신고, 기한 후 신고 또는 경정 등에 의하여 이자수입을 과세표준에 포함시킬 수 없다(법인세법시행령 제99조 제2항).

사채이자(私債利子)인 「소득세법」제16조 제1항 제11호의 비영업대금의 이익은 제외한다(법인세법 제62조 제1항 괄호). 따라서 사채이자는 법인세신고를 하여야 한다.

2. 특수한 신고

1) 이자의 신고

이자소득만 있는 비영리내국법인의 과세표준 신고는 다음 서식에 의한다(법인세법시행규칙 제82조 제2항). 이자소득이 있고 원천징수 된 세금을 돌려받고자 하는 경우의 신고이다.

표 8 _ 이자소득만 있는 비영리법의 법인세 신고서식

서 식	비 고
1. 별지 제56호 서식의 이자소득만 있는 비영리법인의 법인세·농어촌특별세과세표준(조정계산) 및 세액신고서	
2. 제1항 제10호 내지 제13호의 서류	10. 별지 제10호 서식의 원천납부세액명세서(갑)(을) 11. 영 제94조의 2 제7항에 따른 별지 제11호 서식의 간접투자회사 등의 외국납부세액계산서 12. 별지 제12호 서식의 농어촌특별세과세표준 및 세액조정계산서 13. 별지 제13호 서식의 농어촌특별세과세대상감면세액 합계표
3. 별지 제27호 서식의 고유목적사업 준비금 조정 명세서(갑)(을)	

2) 배당의 신고

이는 사업수입 또는 계속적 사업의 수입이 없고 배당, 주식 매매차익, 부동산 매매차익이 있는 비영리내국법인 외의 비영리내국법인에 한하여 적용한다(법인세법시행규칙 제82조 제1항 제55호).

표 9_배당, 주식 또는 고정자산 처분익만 있는 비영리법인의 수입신고

<table>
<tr><td>사 업
연 도</td><td>. . .
~
. . .</td><td>비영리법인의 수익사업수입명세서
(배당·주식처분익·고정자산처분익만 있는
비영리법인신고용)</td><td>법인명</td><td></td></tr>
<tr><td colspan="5">※관리번호 [ ][ ] – [ ][ ]　　사업자등록번호 [ ][ ][ ] – [ ][ ] – [ ][ ][ ][ ][ ]

※ 표시 란은 기입하지 마십시오.</td></tr>
</table>

1. 배당명세

① 배당지급 법 인 명	② 소유 주식수	③ 배당 결의일	배당구분 및 배당금액			
			④ 현금·주식	⑤ 의제배당	⑥ 기 타	⑦ 계

2. 주식처분익명세서

⑧ 취 득 일	⑨ 취득가액	⑩ 양 도 일	⑪ 양도가액	⑫ 양도차익

3. 고유목적사업에 직접 사용하지 않는 부동산처분익명세서

⑬ 부동산소재지	⑭ 면적	⑮ 취득일	⑯ 취득가액	⑰ 양도일	⑱ 양도가액	⑲ 양도차익

제 4 장 부동산 세금

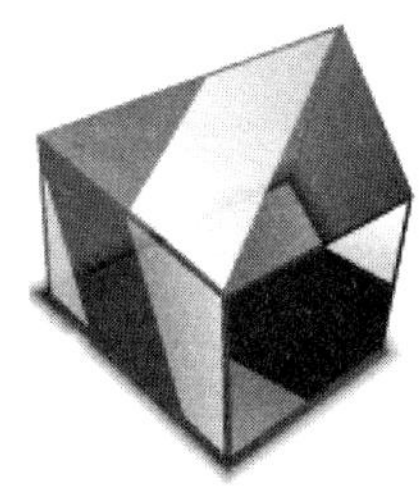

4 부동산 세금

제1절 부동산 양도

1. 과세의 방식

1) 법인인 경우

종교법인은 토지와 건물 같은 고정자산의 처분으로 인하여 생기는 수입에 대하여 영리법인과 같이 법인세가 과세된다(법인세법 제3조 제3항 제5호). 또한 부동산과 관련된 권리에 대하여도 과세된다(법인세법 제3조 제3항 제6호). 부동산과 관련된 권리는 소득세법 제94조 제1항 제2호와 제4호에 나열된 권리를 말한다.

소득세법 제94조 제1항 제2호

다음 각목의 어느 하나에 해당하는 부동산에 관한 권리의 양도로 발생하는 소득

가. 부동산을 취득할 수 있는 권리(건물이 완성되는 때에 그 건물과 이에 딸린 토지를 취득할 수 있는 권리를 포함한다)

나. 지상권

다. 전세권과 등기된 부동산임차권

소득세법 제94조 제1항 및 제4호

가. 사업용 고정자산(제1호 및 제2호의 자산을 말한다)과 함께 양도하는 영업권(영업권을 별도로 평가하지 아니하였으나 사회통념상 자산에

포함되어 함께 양도된 것으로 인정되는 영업권과 행정관청으로부터 인가·허가·면허 등을 받음으로써 얻는 경제적 이익을 포함한다)

나. 이용권·회원권, 그밖에 그 명칭과 관계없이 시설물을 배타적으로 이용하거나 일반이용자보다 유리한 조건으로 이용할 수 있도록 약정한 단체의 구성원이 된 자에게 부여되는 시설물 이용권(법인의 주식 등을 소유하는 것만으로 시설물을 배타적으로 이용하거나 일반이용자보다 유리한 조건으로 시설물 이용권을 부여받게 되는 경우 그 주식 등을 포함한다)

다. 주식 등의 주권 또는 출자증권을 발행한 법인의 주주의 구성, 부동산의 보유 현황 또는 사업의 종류 등을 고려하여 대통령령으로 정하는 자산

종교단체가 건설한 건축물은 사용검사필증 교부일(사용검사 전에 사실상 사용하거나 사용승인을 얻은 경우에는 그 사실상의 사용일 또는 사용승인일) 전일까지는 '부동산을 취득할 수 있는 권리'로 보므로 이를 매각하는 경우에도 법인세가 과세된다(법인세과-1069, 2009.9.30.). 여기에는 재건축아파트의 경우 사용검사필증 교부일(사용검사 전에 사실상 사용하거나 사용승인을 얻은 경우에는 그 사실상의 사용일 또는 사용승인일) 전일까지는 이를 '부동산을 취득할 수 있는 권리'로 포함된다(법인세과-854, 2009.7.23.). 마찬가지로 비영리내국법인인 종교단체가 종교용부지로 사용하기 위해 토지개발공사로부터 토지를 분양받고 계약금을 납부한 상태에서 다른 종교단체에 양도하는 경우에도 과세된다(법인세과-412, 2009.4.8.).

2) 개인인 경우

우리나라 세법은 종교단체의 사용재산은 양도소득세 비과세대상으로 정하고 있지 않다(서울행법2012구합27527, 2013.2.1.). 따라서 법인이 아닌 종교단체가 부동산을 양도하는 경우 개인과 똑같이 양도소득세가 과세된다.

주무관청의 허가 또는 인가를 받아 설립되거나 「법인세법시행령」에 의하여 주무관청에 등록한 사단·재단 기타 단체에 해당하지 않을 뿐만 아니라, 세무서로부터 법인으로 보는 단체의 승인을 받지 아니한 경우 개인으로 본

다(조심2010서515, 2010.9.20.). 따라서 이러한 종교단체는 부동산을 양도하는 경우 양도소득세를 낸다. 부동산 양도일 이전에 법인으로 보는 단체의 승인을 받은 경우에는 적용할 수 있으나(조심 2012중2479, 2012.10.22. 같은 뜻임), 양도일 이후에 법인으로 보는 단체 승인신청을 하고 승인을 받은 경우에는 법인으로 보는 단체의 양도로 볼 수 없으므로 양도소득세를 부과한다(조심2014중2985, 2014.8.22.). 재단법인인 종교단체와는 회계 등 모든 운영이 독립된 산하지역의 교회는 설령 법인의 산하단체에 해당된다 하더라도 법인인지 아닌지는 세법에 의하여 판단한다. 따라서 산하단체가 법인으로 보지 않는 경우에는 법인이 아니라 개인으로 보므로 부동산을 양도한 경우에는 개인이 부담하는 양도소득세를 부담하여야 한다(조심2010서3218, 2010.12.2.).

2. 과세의 금액

1) 법인의 과세

법인의 부동산을 양도하는 경우 실제 양도가액에서 실제 취득가액의 차액에 법인세가 과세된다. 물론 수익사업에 발생한 다른 이익이 있는 경우 합쳐서 과세한다. 그 이익규모가 2억 원 이하인 경우에는 10%(주민세를 포함하면 11%), 2억 원이 넘으면 20%(주민세 포함 22%)의 법인세가 과세된다.

비영리내국법인인 종교단체는 부동산을 기부 받는 경우가 많다. 토지를 증여받은 경우 당해 증여받은 토지의 취득가액은 증여일 현재의 시가로 하는 것이며, 시가가 불분명한 경우에는 「법인세법 시행령」 제89조 제2항 각 호의 규정을 순차적으로 적용하여 계산한 금액으로 한다(법인세과-650, 2009. 5.29.). 시가라 함은 건전한 사회통념 및 상관행과 특수 관계자가 아닌 자간의 정상적인 거래에서 적용되거나 적용될 것으로 판단되는 가격을 말한다(법인세법 제52조 제2항). 이 경우 해당 거래와 유사한 상황에서 해당 법인이 특수 관계자 외의 불특정다수인과 계속적으로 거래한 가격 또는 특수 관계자가 아닌 제3자간에 일반적으로 거래된 가격이 있는 경우에는 그 가격에 따른다(법인세법시행령 제89조 제1항). 그리고 시가가 불분명한 경우에는 우선 감정가액을 적용하고 감정가액을 적용하지 못하는 경우 「상속세 및 증여세법」에 의한 평가에 의한다(법인세법시행령 제89조 제2항). 감정가액이란

「부동산가격공시 및 감정평가에 관한 법률」에 의한 감정평가법인이 감정한 가액을 말한다(법인세법시행령 제89조 제2항 제1호). 상속세 및 증여세법에 의한 평가는 「상속세 및 증여세법」 제38조 내지 제39조의 2 및 동법 제61조 내지 제64조의 규정을 준용하여 평가한 가액을 말한다(법인세법시행령 제89조 제2항 제2호). 토지는 공시지가로 평가하며 자세한 것은 전문가인 회계사와 상의하여야 한다.

2) 개인의 과세

법인이 아닌 종교단체는 보통 사람과 같이 양도소득세가 과세되며 양도소득에 대한 일반적인 세율은 다음과 같다(소득세법 제104조 제1항 제1호, 소득세법 제55조 제1항의 세율).

표 10 _ 양도소득세율

(단위: 원)

양도소득 과세표준	세 율
1천2백만 이하	6%
1천2백만 초과 4천6백만 이하	72만 + (과세표준 - 1천2백만) × 15%
4천6백만 초과 8천8백만 이하	582만 + (과세표준 - 4천6백만) × 24%
8천8백만 초과 1억5천만 이하	1천590만 + (과세표준 - 8천8백만) × 35%
1억5천만 초과	3천760만 + (과세표준 - 8천8백만) × 38%

3. 양도의 감면

1) 종교 부동산

종교 법인이 그 종교라는 고유목적에 3년 이상 사용한 경우에는 팔더라도 과세하지 않는다. 즉 고정자산 즉 부동산의 처분일 현재 3년 이상 계속하여 법령 또는 정관에 규정된 고유목적사업에 직접 사용한 것을 말한다(법인세법 제3조 제3항 제5호, 6호, 법인세법시행령 제2조 제2항).

여기서 고유목적 사업을 말하므로 수익사업에 사용되는 경우는 과세된다. 다만 해당 고정자산의 유지·관리 등을 위한 관람료·입장료수입 등을 받아 부수수익이 있는 경우에도 이를 고유목적사업에 직접 사용한 고정자산으로 본다(법인세법 제3조 제3항 제5호, 법인세법시행령 제2조 제2항 단서). 예를 들어 고유목적에는 교회가 정관에 규정된 고유목적사업인 복음전도사업과 무료급식사업이 포함된다(법인세과-401, 2011.6.10, 법규과-722, 2011.6.9.). 법인으로 보는 단체로 승인받은 개별교회가 실질적으로 종교의 보급, 교육 및 사회봉사를 고유목적사업으로 수행하면서, 사회봉사의 목적으로「영유아보육법」에 따른 어린이집을 설치하여 3년 이상 계속하여 운영하다가 양도함에 따라 발생된 소득은 법인세 과세대상 소득에서 제외한다(법인세과-463, 2012.7.18.). 그리고 실제 고유목적사업에 직접 사용되었는지 여부는 해당 사업의 운영현황 등 사실관계를 종합적으로 검토하여 판단한다(법인세과-401, 2011.6.10, 법규과-722, 2011.6.9.).

교회법인도 3년 이상 계속하여 교회로 사용한 부동산을 양도한 경우 과세하지 않는데(법인세과-56, 2010.1.15.), 이 경우 처분일로부터 소급하여 3년간 계속 사용하여야 하는지 아니면 소급하여 총 사용기간이 3년이면 되는지가 의문이다. 이 경우 고정자산 처분일 현재 3년 이상 계속 고유목적사업에 직접 사용여부는 당해 법인의 사용기간을 기준으로 판단하는 것이다(법인세과-1437, 2009.12.28.). 즉 '3년 이상 계속하여 고유목적사업에 직접 사용'이라 함은 처분일로부터 소급하여 3년 이상 중단 없이 계속하여 고유목적사업에 직접 사용한 경우를 말하는 것이므로, 보유기간 중 고유목적사업에 직접 사용하지 못한 부득이한 사유발생은 동 규정 적용의 고려요소가 아니다(법인세과-50, 2010.1.15., 법인세과-593, 2010.6.25.에서 재인용).

2) 법인만 적용

이러한 과세제외는 비영리법인인 종교 법인에만 적용된다. 이러한 비영리법인은 법인으로 등기되지 않더라도 법인으로 보는 경우도 있다. 즉「국세기본법」제13조에 따른 법인으로 보는 단체는 법인으로 보므로 이 규정이 적용된다(법인세법 제1조). 자세한 것은 제2절에 나온다. 이렇게 법인 등기를 하거나 법인으로 보는 단체가 아닌 이상 종교 단체는 개인으로 보게 된다. 따라서 종교 목적에 3년 이상 사용하더라도 이 규정이 적용되지 않고 개인의 양도로 보아 과세된다(조심2009중3367, 2009.12.29.).

예를 들어 설립 허가를 받은 기독교의 장로교, 감리교 등의 총회 등에 속한 교회가 교회명의로 부동산을 취득한 후 양도하는 경우를 보자. 이러한 교회는 일반적으로 중앙회에 소속되어 있고, 관할 관청에 종교단체로 등록되어 있다. 이렇게 재단법인인 종교단체의 중앙회와는 회계 등 모든 운영이 독립된 산하교회는 교의에 따르는 사람들을 교인으로 하는 단체로서 재단이 아닌 사단으로 볼 수 있으므로 대표자 또는 관리인이 관할세무서장에게 신청하여 승인을 얻지 아니한 경우에는 법인으로 보는 단체에 해당하지 않는다(징세과-402, 2009.12.10.). 따라서 부동산은 교회 명의로 등기되어 있고 교회의 고유목적 의거하여 3년 이상 사용하더라도 양도소득세가 과세되는 것이다. 또한 불교 사찰의 경우에도 관할세무서에 대표자를 정하여 고유번호를 받았다하더라도 법인격이 부여되는 것은 아니다. 즉 관할세무서장으로부터 부여받은 고유번호 등만으로는 법인으로 보는 단체로 볼 수 없다(조심2010중1041, 2010.7.6.).

3) 감면의 사례

(1) 부득이한 사유 인정여부

보유기간 중 고유목적사업에 직접 사용하지 못한 부득이한 사유발생은 동 규정 적용의 고려요소가 아니다(법인세과-50, 2010.1.15., 법인세과-593, 2010.6.25.에서 재인용).

(2) 고유목적과 수익사업에 공동으로 사용한 경우

수익사업과 기타의 사업에 공통되는 자산은 수익사업에 속하는 것으로 보고 있다(법인세과-268, 2009.1.21.).

(3) 임대한 경우

법인등기를 하거나 법인으로 보는 종교단체가 토지와 건물을 종교목적과 임대업에 사용하다 양도한 경우 종교목적으로 3년 이상 사용한 부분은 과세되지 않지만 임대하던 부분은 과세된다(법인세과-1333, 2009.11.30.). 또한 타인에게 무상으로 임대한 경우에는 고유목적사업에 직접 사용한 고정자산에 해당되지 않는다. 예를 들어 교회가 목사에게 무상임대 하여 목사 개인

명의로 사업자등록을 하고 어린이집과 어학원을 운영한 경우는 고유목적으로 사용한 것으로 보지 않는다(법인세과-838, 2009.7.22.). 부동산을 별도의 법인이나 개인이 운영하는 노숙자 쉼터와 어린이 보육시설에 무상 임대하는 경우 고유목적에 사용하는 것으로 보이 않는다(법인세과-644, 2011.8.31.). 임대는 무상임대의 경우도 인정하지 않으며, 설령 비영리법인에 무상으로 임대하였다 하더라도 고유목적으로 보지 않는다(서면2팀-1434, 2007.8.1.).

(4) 주차장의 경우

종교단체가 처분일 현재 3년 이상 계속하여 정관에 규정된 고유목적사업에 직접 사용하던 주차장을 처분하여 발생하는 수입에 대하여는 법인세가 과세되지 않는다(법규법인2014-97, 2014.4.29.). 법인 또는 법인으로 보는 단체인 교회가 인근에 있는 토지를 3년 이상 교회의 주차장으로 사용하다가 양도하는 경우나 무허가 건물을 3년 이상 예배당으로 사용하다가 그 부속토지와 함께 양도하는 경우, 교회가 처분일 현재 3년 이상 계속하여 법령 또는 정관에 규정된 고유목적사업(수익사업 제외)에 직접 사용한 무허가 건물 및 주차장을 양도하는 경우 법인세가 과세되지 않는다. 다만, 무허가 건물 및 그 건물로부터 일정거리에 있는 주차장이 실제 교회의 고유목적사업에 사용되었는지는 당해 건물이 실제 교회로만 사용되었는지, 주차장이 전적으로 교회만을 위해서 사용되었는지 또는 교회에 필수적으로 필요한 것인지 등 제반사항을 종합하여 사실을 판단하여야 한다(법인세과-956, 2009.8.31.).

(5) 사택의 경우

종교 법인이 정관에 규정된 고유목적사업을 수행하기 위하여 당해법인에 소속되어 종교의 보급 기타 교화업무를 전업으로 하는 성직자에게 사택으로 제공한 부동산은 고유목적사업에 직접 사용한 고정자산에 해당된다. 그러나 교화업무를 전업으로 하는 성직자가 아닌 자가 사택으로 사용하는 부동산은 이에 해당하지 않는다(법인세과-609, 2011.8.25.). 다만 사용한 사택이 고유목적사업에 직접 사용되었는지는 사택의 용도, 보유목적, 주거현황, 위치 등 제반사항을 종합하여 사실판단 하여야 할 문제이다(법인세과-948, 2009.8.31.).

(6) 개인 명의로 등기한 경우

법인으로 보는 종교단체 또는 개인 등이 운영하는 교회가 그 종교의 보급과 기타 교회를 목적으로 사용하던 개인 소유의 토지·건물을 양도하는 경우 양도소득세가 과세된다(재산세과-295, 2009.1.23.). 그러나 실제로 종교법인이 취득한 경우는 다를 수 있다.

예를 들어 종교 법인으로 설립 허가된 종교단체가, 그 명의로 취득이 어려워 담임목사 개인 명의로 등기하고, 종교용으로 사용하고 있는 경우에도 적용될 수 있다. 즉, 공부상 등기가 법인의 명의로 되어 있지 아니하더라도 사실상 당해 법인이 취득하였음이 확인되는 경우에는 이를 법인의 자산으로 본다. 그러나 실제로 이에 해당하는지는 국세청에서 사실조사를 하여 판단할 것이다(법인세과-411, 2009.4.8.).

(7) 묘지로 사용한 경우

비영리 종교 법인이 정관에 목적사업으로 효도 앙양과 조상 존중사상을 함양하기 위한 분묘지 사업을 규정하고 소유하고 있는 토지를 교인들의 묘지로 사용하는 경우 고유목적 사업에 사용하는 것으로 볼 수 있을까. 국세청은 묘지는 고유목적 사업으로 보지 않고 있다. 예를 들어 교회가 3년 이상 보유한 토지를 신도들의 사후매장을 위한 묘지로 사용한다고 하더라도, 묘지 운영이 교회의 고유목적인 종교의 보급 기타 교화를 위하여 직접적으로 필요하다고 볼 수 없으므로 당해 토지의 양도는 수익사업으로 보아 법인세가 과세한다(서면2팀-820, 2005.6.15, 법인세과-781, 2009.2.25.에서 재인용). 최근의 예규도 동일하게 해석하고 있다(법인세제과-12, 2014.1.9.).

국세심판소도 이를 고유목적사업으로 보지 않고 있다. 즉 비영리 종교법인이 묘지운영정관을 마련하였는지 여부와 청구법인의 묘지운영사업이 부가가치세법상 면세사업자에 해당하는지 여부와는 관계가 없이 고유목적사업에 해당하지 않는다는 것이다(국심92서435, 1992.4.14. 같은 뜻)(국심2003서614, 2003.4.22., 법인세과-781, 2009.2.25.).

4. 주택의 과세

1) 비과세 문제

법인등기를 하지 않은 교회는 원칙적으로 개인으로 본다. 다만 세법에 따라 법인으로 인정된 경우에는 법인으로 보고 그렇지 않은 경우에만 개인으로 본다. 개인은 1세대1주택인 경우에는 주택을 양도하더라도 세금을 내지 않는다. 그러나 교회에 대하여는 1세대1주택 비과세는 적용되지 않는다(부동산거래관리과-105, 2010.1.20.). 따라서 항상 양도소득세를 내야한다.

2) 다주택 중과

법인이 아닌 종교단체가 1세대3주택 이상을 소유한 경우 중과세율을 적용하여 양도소득세를 과세한다(조심2010서18, 2010.3.22.). 개인인 교회가 주택을 종교목적으로 사용하더라도 여전히 주택으로 볼 수 있다. 한 주택에 일부는 교회의 청년부 및 성경공부 교육관과 대학부 학사 관으로 사용하여 종교시설로 인정되는 용도로 사용하고, 일부는 교역자 사택과 교회 부목사가 거주하고 있는 경우 이는 교회시설이라기 보다는 언제든지 주택으로 사용할 수 있는 조건을 갖추고 있으므로 주택으로 본다(조심2010서18, 2010.3.22.).

5. 양도의 중과

1) 법인인 경우

교회가 부동산을 매각한 경우 법인세가 중과되는 경우도 있다. 차익에 대하여 법인세가 10% 또는 20%의 법인세가 부과되고 또 추가로 세금이 부과된다. 주의할 것은 종교 법인이 종교목적으로 3년 이상 사용한 경우 세금을 부과하지 않는다고 하더라도 여기서 정한 세금은 3년 이상 상용과는 관계없이 별도로 낸다는 점이다. 또한 이러한 양도소득에 대한 중과는 고유사업이든 수익사업이든 여부에 관계없이 적용된다는 점이다(법인세과-536, 2009.5.6.).

중과세대상은 별장 등의 주택과 비사업용 부동산이고, 세율은 10%(미등기인 경우에는 40%)이다(법인세법 제55조의 2 제1항). 부동산을 취득할 수 있는 권리의 양도에 대해서는 이 규정이 적용되지 않는다(법인세과-854, 2009. 7.23.). 그러나 파산선고, 농지의 교환 등, 환지처분에 대하여는 이 규정에 의하여 과세되지 않는다. 그러나 이 경우에 해당하더라도 미등기 토지 등에 대한 토지 등 양도소득은 과세한다(법인세법 제55조의2 제4항). 비사업용 토지 및 별장 등의 범위는 「법인세법」제55조의 규정을 보기 바란다. 복잡하고 어려우니 전문가인 회계사와 상의하기 바란다.

2) 개인인 경우

비사업용 토지의 세율은 다음과 같다(소득세법 제104조 제1항 8호).

표 11 _ 비사업용부동산의 양도소득세율

과세표준	세율적용
1천200만 원 이하	16%
1천200만 원~4천600만 원	192만 원+(과세표준-1천200만 원)×25%
4천600만 원~8천800만 원	1천42만 원+(과세표준-4천600만 원)×34%
8천800만 원~1억5천만 원	2천470만 원+(과세표준-8천800만 원)×45%
1억5천만 원 초과	5천260만 원+(과세표준-1억5천 원)×48%

비사업용 토지 및 별장 등의 범위는 「소득세법」제104조의3에 규정되어 있는데 법인세와 유사하다. 복잡하고 어려우니 전문가인 회계사와 상의하기 바란다.

제2절 취득의 감면

1. 면제의 내용

종교를 목적으로 하는 단체가 종교 사업에 사용하기 위하여 취득하는 부동산에 대하여는 취득세를 면제한다(지방세특례제한법 제50조 제1항). 종교 및 제사 단체에 대한 감면규정은 공공의 목적에 쓰이거나 공익적 성격을 갖추고 있는 부동산을 과세대상에서 제외함으로써 불특정다수인의 복리증진을 목적으로 하는 사업을 세제지원 하고자 하는 것이 입법취지이다(지방세운영과-2606, 2011.6.6.). 따라서 종중의 경우는 다르다. 종중은 선조의 분묘에 대한 관장, 친목과 상부상조, 종중후생 및 장학사업 등을 목적으로 하는 단체이다(대법원90누7487, 1991.2.22.). 그러므로 종중소유의 제실 등이 제사목적에 일부 사용된다 하더라도 특정인 또는 특정 집단의 이익만을 위한 종중명의의 제실 및 그 부속 토지는 취득세 감면대상에 해당하지 않는다(지방세운영과-2606, 2011.6.6.).

2. 미사용 추징

1) 감면의 요건

취득세가 면제되는 것은 종교목적에 사용하는 경우에만 해당된다. 따라서 종교목적으로 사용하지 않는 경우에는 취득세를 내야한다.

종교단체가 취득한 부동산을 수익사업에 사용하는 경우, 취득일부터 3년 이내에 정당한 사유 없이 그 용도에 직접 사용하지 아니하는 경우, 또는 그 사용일로부터 2년 이상 그 용도에 직접 사용하지 아니하고 매각·증여하거나 다른 용도로 사용하는 경우 그 해당 부분에 대하여는 면제된 취득세를 추징한다(지방세특례제한법 제50조 제1항 단서). 종교를 목적으로 하는 비영리사업자가 취득 또는 등기한 부동산에 대하여 그 취득 또는 등기목적에 따른 유예기간이 경과하기 전에 당해 부동산에 대한 당초의 취득 또는 등기목적을 포기하고 이를 다른 용도로 사용함으로써 그 취득 또는 등기목적을 전환한 경우에는 더 이상 당초의 취득 또는 등기목적에 따른 3년이란 유예기간을 적용하지 않고 추징된다(조심2008지150, 2009.4.7.).

구 「지방세법」(2000.12.29. 법률 제6312호로 개정되기 전의 것) 제107조 단서 및 제127조 제1항 단서는 "대통령령이 정하는 수익사업에 사용하는 경우와 취득일·등기일부터 3년 이내에 정당한 사유 없이 전부 또는 일부를 그 사업에 사용하지 아니하는 경우"만을 부과사유로 규정하고 있었다. 그러나 해당 비영리사업자가 해당 부동산을 공익사업 용도로 일시 사용하고 곧바로 매각하거나 다른 용도로 사용하는 경우에는 취득세·등록세를 비과세하는 취지에 반함에도 그 사용기간에 상관없이 부과할 수 없는 문제가 발생하자, 2000.12.29. 법률 제6312호로 개정된 지방세법은 "그 사용일로부터 2년 이상 그 용도에 직접 사용하지 아니하고 매각하거나 다른 용도로 사용하는 경우"를 부과사유로 추가하였다. 현행법도 마찬가지이다 즉 종교단체가 취득한 부동산을 수익사업에 사용하는 경우와 취득일부터 3년 이내에 정당한 사유 없이 그 용도에 직접 사용하지 아니하는 경우 또는 그 사용일로부터 2년 이상 그 용도에 직접 사용하지 아니하고 매각·증여하거나 다른 용도로 사용하는 경우 그 해당 부분에 대하여는 면제된 취득세를 추징한다(지방세특례제한법 제50조 제1항 단서). 비록 구「지방세법」 제107조 단서 및 제127조 제1항 단서가 "대통령령이 정하는 수익사업에 사용하는 경우"를 독립된 부과사유로 규정한 것처럼 보일지라도, 위와 같은 개정경위와 부과사유 상호간의 관계와 비과세된 부동산을 그 사용 일부터 2년 이상 공익사업의 용도에 직접 사용한 다음 매각하는 경우와의 과세형평, 부동산의 보유기간 동안 매년 부과되는 재산세와 달리 취득세·등록세는 그 부동산을 일정기간 동안 공익사업의 용도에 사용하면 비과세의 목적을 달성할 수 있다고 보는 것이 합리적인 점 등에 비추어 보면, 이는 비영리사업자가 비과세된 부동산을 공익사업의 용도로 직접 사용하기 시작할 유예기간을 부여하되 유예기간 동안에 수익사업에 사용하는 경우와 그 유예기간 이후에도 정당한 사유 없이 공익사업에 사용을 시작하지 않는 경우 또는 그 사용 일부터 일정한 기간 동안 공익사업에 사용하지 않은 경우 등에는 취득세·등록세를 부과하고, 일정한 기간 동안 공익사업의 용도로 사용하면 그 후부터는 취득세·등록세를 부과하지 않겠다는 내용을 규정한 것으로 보는 것이 입법취지나 목적에 부합하는 해석이다. 따라서 해당 부동산을 2년 이상 공익사업의 용도에 직접 사용하였다면 그 후에 매각하거나 임대 등 다른 용도로 사용하더라도 부과사유에 해당하지 아니하여 비과세된 취득세·등록세를 부과할 수 없다(서울고법2013누10405, 2013.12.18.).

2) 사용의 의미

(1) 직접 사용

「지방세특례제한법」상 '직접사용'이 무엇을 의미하는지에 대하여는 별도 명문의 해석규정은 없다. 그것은 구체적으로 당해 종교사업의 업무수행을 위하여 필요한 시설물로서 계속적이고 고정적으로 그 목적사업에 직접 사용하는 고정재산적인 성질을 갖는 부동산인지의 여부에 따라 판단하여야 하고, 그 판단에 있어서는 반드시 당해 부동산의 취득목적, 그 실제 사용관계, 고유 업무 수행과의 연관성 등을 따져 개별적으로 판단한다(조심2013지552, 2013.9.16.). 비영리 사업자가 당해 부동산을 '그 사업에 직접 사용'한다고 함은 현실적으로 당해 부동산의 사용용도가 비영리사업 그 자체에 직접 사용되는 것을 뜻한다(2002.10.11. 선고, 2001두878 판결 참조). 만일 이와 같이 해석하지 않고 종교 활동과 관련된 모든 부동산에 대하여 그 취득세나 등록세 등이 비과세된다고 하면 그 범위가 지나치게 넓어져, 종교단체가 정당한 사유 없이 그 부동산을 그 사업에 직접 사용하지 않는 경우 등에는 취득세나 등록세를 부과하도록 규정이 실효성이 없어지기 때문이다(감심2010-107, 2010.11.4.). '그 사업에 사용'의 범위는 당해 비영리사업자의 사업목적 및 취득목적을 고려하여 그 실제의 사용관계를 기준으로 객관적으로 판단해야 한다(2002.10.11. 선고, 2001두878 판결 참조). 즉 비영리사업자가 당해 부동산을 '그 사업에 사용'한다는 것은 현실적으로 당해 부동산 사용용도가 비영리사업 자체에 직접 사용되는 것을 뜻하고, '그 사업에 사용'되는 범위는 당해 비영리사업자 사업목적과 취득목적을 고려하여 그 실제 사용관계를 기준으로 객관적으로 판단하여야 한다(대법원 2005.12.23. 선고, 2004다58901 판결 ; 대법원 2009.6.11. 선고, 2007두20027 판결 등 참조).

특히 종교단체가 '그 사업에 사용'한다 함은 종교의식, 종교교육, 선교활동 등에 사용하거나 종교 활동을 위해 반드시 있어야만 하는 필요불가결한 중추적인 지위에 있는 사람의 주거용으로 사용하는 등 종교목적으로 직접 사용하는 경우만을 의미한다(2008.4.24. 선고, 2008두693 판결 참조)(감심2010-98, 2010.10.7.). 비영리사업자가 당해 부동산을 "그 사업에 사용"한다고 함은 현실적으로 당해 부동산의 사용용도가 비영리사업 자체에 직접 사용되는 것을 뜻하고, "그 사업에 사용"의 범위는 당해 비영리사업자의 사업목적과 취득목적을 고려하여 그 실제의 사용관계를 기준으로 객관적으로 판단되어야 하며, 특히 종교단체가 "그 사업에 사용"한다고 함은 종교의식, 종교교육, 선교활동 등에 사용하거나 종교 활동을 위해 반드시 있어야만 하는 필요불가결한 중추적인 지위에 있는 사람의 주거용으로 사용하는 등 종교목적으로 직접 사용하는 경우를 의미한다고 보아야 한다. 또한, 3년 이내에 직접 사용하였으나 그 사용기간이 2년이 되지 않은 상태에서 매각하거나 다른 용도로 사용하는 경우 추징사유에 해당된다 하겠으므로, 종교단체가 취득 또는 등기한 부동산에 대하여 그 취득 또는 등기목적에 따른 유예기간이 경과하기 전에 당해 부동산에 대한 당초의 취득 또는 등기목적을 포기하고 이를 다른 용도로 사용함으로써 그 취득 또는 등기목적을 전환한 경우에는 더 이상 당초의 취득 또는 등기목적에 따른 3년이란 유예기간을 적용할 수 없다고 보아야 한다(조심2008지929, 2009.3.20.).

(2) 사용의 정도

종교목적으로 사용한다고 할 때 사용의 정도도 중요하다. 즉 미미하게 사용하는 경우에는 종교목적으로 사용한다고 보기 어렵기 때문이다.

예를 들어 불교사찰이 소유한 토지가 그 사찰이 보유한 암자로 가기 위한 경유지로 이용되고, 그 일부에 병 치료를 위한 집한 채(암자)만을 가지고 있는 경우 종교목적에 사용되는 토지로 볼 수 없다고 본다. 즉 등산로와 암자의 통행로로 사용되는 부분이 전체 임야의 면적에 비하여 사실상 미미한 수준에 불과한 경우에는 종교단체의 종교 사업에 사용하는 것으로 보지 않는다(조심2008지774, 2009.4.7.).

(3) 사용기간의 계산

재단법인 대한예수교장로회 △△노회 유지재단에 속해 있는 종교단체가 2006.6.23. 한 기업으로부터 부동산을 340억 원을 주고 취득하였다. 「부동산등기법」에 따라 대한예수교장로회 △△교회로 등록번호를 부여받았다. 그 후 2008.4.30. 이 부동산을 매각하기로 하고 부동산의 소유권 본등기 이전은 2008.6.19. 이행하고, 잔금지불시기 및 방법은 별도약정한 후 공증하며, 부동산의 명도일은 2008.6.30.로 한다는 내용의 약정을 하였다. 이렇게 잔금지급일보다 등기를 먼저 한 경우는 등기일에 취득한 것으로 본다. 따라서 이 교회는 2년 이상 사용하지 않고 매각했으므로 면제된 취득세액은 추징되는 것이 타당하다(감심2009-147, 2009.6.25.).

(4) 사용의 사례

가. 선교단체도 종교단체

종교단체의 범위를 단지 예배, 찬양, 기도 등의 종교 활동을 직접 목적으로 하는 단체로 한정할 수는 없고, 선교를 직접 목적으로 하는 선교단체도 종교단체에 포함된다. 선교단체의 선교사라는 지위는 선교활동을 위해 반드시 있어야만 하는 필요불가결한 중추적 역할을 담당하고 있기 때문이다. 다만, 주거용도로 사용된 부동산은 소속 선교사가 선교활동을 위해 직접적 또는 일상적으로 주거장소로 사용된 경우에 한하여 종교목적으로 직접 사용된 부동산으로 보아야 할 것이다. 그러나 선교사가 임시 숙소 등으로 사용한 경우는 선교활동을 하면서 직접적 또는 일상적인 주거장소로 사용한 것이 아닌 체류기간 동안 일시적 휴식 또는 거주공간으로 사용된 것이다(감심2010-107, 2010.11.4.).

나. 교육용 부동산

종교의식은 주말 등 정례적으로 행하여지는 장소는 별도로 두고 있고, 이와는 별개의 부동산 중 일부를 여름에 일시적·간헐적으로 청소년 캠프장으로 활용하고, 취득이후 종교용으로 사용하기 위한 별도의 용도변경 행위가 없고, 관리가 제대로 되지 아니하고 사실상 방치되어 있는 경우 종교목적에 직접 사용되는 부동산이라고 보기 어렵다(조심2013지309, 2013.5.1.).

다. 문화원으로 사용한 경우

종교단체가 취득한 토지와 건물을 유예기간이 경과하기 전에 다른 법인과 "문화원 운영 위·수탁협약"을 체결하여 그 법인이 사용하는 경우 종교용이 아닌 다른 용도에 사용하고 있는 것으로 보아, 그 부분에 대하여 취득세 등과 재산세 등을 부과고지 하였다. 위·수탁협약서에는 "지역주민의 문화, 선교, 복지 및 건강증진에 기여할 수 있도록 책임과 의무를 다하며 지역주민의 문화·복지·선교 및 건강증진사업·평생교육·생활체육활동·회원

확대운동·기타 부수사업을 수행"하는 것으로 되어 있다. 그러나 동 법인이 운영하는 프로그램 등이 이 종교단체의 목적사업을 수행하는데 있어 필수적인 종교교육에 해당된다거나 종교의식, 예배, 축전, 선교 등 종교 활동의 부수적인 목적으로 운영되고 있는 것으로 보기는 어렵다. 또한 이 종교단체가 일요일에 부동산을 예배 및 기도장소로 사용하였다고 하더라도 마찬가지이다. 그리고 유예기간이 경과하기 전에 위·수탁협약을 해지하고 이를 종교용에 직접 사용하였다 하더라도 이미 성립한 조세채권이 소급하여 소멸된다고 볼 수는 없다(조심2008지150, 2009.4.7.).

라. 임대의 경우

종교단체가 부동산을 노인전문요양원에 임대하고 그 임대수익금을 종교단체 운영재원으로 사용한 것은 (지방세법 제107조 제1호 및 제127조 제1항 제1호 등에서 정하는) 비영리 사업자가 당해 부동산을 '그 사업에 사용'한 것으로 볼 수 없다(감심2010-98, 2010.10.7.).

마. 주차장의 경우

종교 사업을 목적으로 하는 단체가 종교의식·예배·종교교육·선교 등을 수행함에 있어, 소속 교인 및 신도 등이 집합하는 것은 불가피하며 이에 따른 적정규모의 주차장은 종교사업의 원활한 수행을 위하여 필수적으로 갖추어야 할 시설물이라 할 것이다. 그리고 법령에 규정한 소정의 주차규모는 최소한도를 규정한 것으로 주차 공간 부족으로 이를 초과하여 주차장을 둔다고 하여도 관련법에서 금지하지 아니하고 있다. 설령 주차장을 실제 사용시점보다 3년 정도 늦게 노외주차장으로 신고하였지만 토지에 자갈을 깔고 펜스를 설치하는 등 주차장 형태를 갖추어 지속적으로 주차장으로 사용·관리해 왔고, 이 주차장 부지가 도시재개발 사업부지로 편입되어 매각되자 부족한 주차공간을 다시 확보하고자 경내에 주차공작물 설치허가를 받아 주차장으로 현재까지 사용하고 있는 경우 종교 사업을 수행함에 있어 부족한 주차공간을 해결하고자 이 토지를 주차장 부지로 사용한 것은 종교사업에 직접 사용된 것으로 보아야 한다(감심 2009-164, 2009.7.30.). 그러나 주차장 운영을 수익사업으로 하는 경우에는 비과세되지 않는다. 여기서 수익사업은 부가가치를 창출해 낼 수 있는 정도의 사업형태를 갖추고 계속적이고 반복적인 의사로 재화 또는 용역을 공급하는 사업을 말한다. 비영리 법인의 어느 사업이 수익사업에 해당하는지의 여부를 가림에 있어, 그 사업에서 얻는 수입이 당해 법인의 고유목적을 달성하기 위한 것인지의 여부 등 목적사업과의 관련성을 고려할 것은 아니나, 그 사업이 수익사업에 해당되려면 적어도 그 사업 자체가 수익성을 가진 것이거나 수익을 목적으로 영위한 것이어야 한다. 예를 들어 교회가 본당 및 종교교육관 신축용도로 사용할 목적으로 부동산을 매입하였으나, 당초 매입목적대로 사용하지 아니하고 교회부설주차장 용도로 사용하다가 인근주민들의 요청으로 주민들에게도 개방하였으며, 그 후 무료주차에 따른 주차수요 증가로 인하여 발생된 주차관리인 급여 등 관리비용을 충당한다는 사유로 유료화 시켜 교인 및 일반인을 대상으로 소정의 주차요금을 받았다. 유료화 되면서 상호간판과 별도의 관리사무소를 갖추고 주차요금 및 주차장 준수사항 등이 표기된 안내판을 설치하는 등 통상적인 주차장운영 업 형태로 계속 운영되고, 주차료를 인근의 주차장 운영업체와 같은 수준으로 받으면서 주차료 수입금은 교회의 수익으로 하는 경우 이는 종교 사업이 아닌 수익사업인 주차장 운영 업으로 사용되고 있는 것으로 비과세규정이 적용되지 않는다(감심 2009-134, 2009.6.11.).

바. 농산물의 빈곤가정 지원

아무런 종교시설물 없이 배추, 무 등 채소류를 식재하고 재배하여 빈곤가정에 무료제공 하는 것을 종교목적에 직접 사용하는 부동산이라고 보기도 어렵다(조심2013지552, 2013.9.16.).

사. 영유아보육시설의 경우

종교단체의 대표자가 영유아보육시설로 사용되고 있는 자신의 부동산을 종교단체에 증여하여 계속 영유아보육시설로 사용한 경우, 이러한 보육시설은 종교적 활동의 수행에 반드시 필요한 시설이라거나 그 시설 내에서 이루어지는 교육내용이 종교 본래의 활동에 해당된다고 보기는 어렵다 하겠으므로, 종교단체가 이 부동산을 취득하였다고 하여 영유아보육시설인 부동산이 종교용으로 전환되었다고 볼 수는 없을 뿐만 아니라 이 종교단체가 부동산을 직접 종교용으로 사용하였다고 인정할 수도 없다(조심2008지

929, 2009.3.20.).

3) 정당한 사유

정당한 사유가 있는 경우에는 취득세가 추징되지 않을 수 있다. 법의 규정을 보면 취득일부터 3년 이내에 "정당한 사유 없이" 그 용도에 직접 사용하지 아니하는 경우 또는 그 사용일로부터 2년 이상 그 용도에 직접 사용하지 아니하고 매각·증여하거나 다른 용도로 사용하는 경우 그 해당 부분에 대하여는 면제된 취득세를 추징한다(지방세특례제한법 제50조 제1항 단서)고 규정되어 있어 정당한 사유가 있는 경우는 추징되지 않는다. 주의할 것은 해당 용도로 직접 사용한 기간이 2년 미만인 상태에서 매각·증여하거나 다른 용도로 사용하는 경우에는 '정당한 사유'에 대한 규정이 없다. 따라서 당해 종교단체가 계속하여 종교용도로 사용하는 경우라도 2012.1.1. 이후 취득하여 직접 사용한 기간이 2년 미만인 상태에서 증여 등으로 인하여 이 사유에 해당되는 경우는 그 사유가 어떠하든지 간에 취득세 감면세액 추징대상에 해당된다(지방세운영과-2655, 2013.10.18.).

정당한 사유란 원칙적으로 당해 법인에게 책임을 물을 수 없는 사실적인 사유로서 귀책사유가 당해 법인에게 없는 경우를 말한다. 법령에 의한 금지·제한 등 그 법인이 마음대로 할 수 없는 외부적인 사유는 물론 해당 업무에 사용하기 위한 정상적인 노력을 다하였으나 시간적인 여유가 없어 유예기간을 넘긴 내부적 사유를 포함한다. 나아가 그 정당한 사유의 유무를 판단함에 있어서는 그 입법취지를 충분히 고려하면서 법령상, 사실상 장애 사유 및 그 장애 정도, 당해 법인이 해당사업에 사용하기 위한 진지한 노력을 다하였는지 여부 등을 참작하여 구체적인 사안에 따라 개별적으로 판단한다(대법원 1994.11.18. 선고 93누2957 판결 참조)(지방세운영과-3350, 2013.12.13.). 또한 정당한 사유라 함은 행정관청의 사용 금지·제한, 객관적인 사유로 인하여 부득이 그 용도에 사용할 수 없는 경우를 포함하고, 고유목적에 사용하는 데 걸리는 준비기간의 장단, 행정관청의 귀책사유가 가미되었는지 여부 등을 아울러 참작하여 구체적인 사안에 따라 개별적으로 판단한다. 그러나 공익성이 있는 사업을 수행하는 비영리사업자라 하더라도 부동산을 취득·등기할 당시 유예기간 내에 그 고유 업무에 직접 사용할 수 없는 법령상의 장애사유가 있음을 알았거나, 설사 몰랐다고 하더라도 조금만 주의를 기울였더라도 그러한 장애사유의 존재를 쉽게 알 수 있었던 상황 하에서 부동산을 취득·등기하였고, 취득·등기 이후 유예기간 내에 당해 부동산을 그 고유 업무에 직접 사용하지 못한 것이 동일한 사유 때문이라면, 취득·등기 이전에 존재한 법령상의 장애사유가 충분히 해소될 가능성이 있었고 실제 그 해소를 위하여 노력하여 이를 해소하였는데도 예측하지 못한 전혀 다른 사유로 그 사업에 사용하지 못하였다는 등의 특별한 사정이 없는 한 그 법령상의 장애사유는 당해 토지를 그 업무에 직접 사용하지 못한 데 대한 정당한 사유가 될 수 없다(조심2008지1091, 2009.3.30.). 대법원의 입장도 유사하다(대법원 2002.9.4. 선고, 2001두229 판결 참조).

예를 들어 건축물 신축을 맡은 시공사의 자금난 등을 법령의 제한 등과 유사한 외부적 사유로 보기는 어렵다. 시공사의 자금난이 있더라도 유예기간이 지난 시점까지 건축물을 신축할 시공사를 선정하지 못한 경우에는 정상적인 노력을 다하였으나 시간이 부족하였다고 보기 어렵다(조심2014지870, 2014.11.4.).

4) 사유의 사례

가. 종교재단에 증여한 경우

기독교감리유지재단이 소속 교회로부터 건축물을 증여방식으로 취득하였으나, 증여자인 교회에서 당초 취득목적인 종교시설과 복지시설로 계속하여 사용하는 경우, 유지재단이 취득한 당해 부동산이 '종교 및 제사를 목적으로 하는 단체'가 취득하여 그 용도에 직접 사용하는 부동산으로 과거에는 인정되었다. 교회와 재단의 내부 규정에 따라 효율적인 종교시설 설치·운영을 위해 명의자와 실질적 운영자를 달리한 것에 불과하므로, 해당 사업에 직접 사용하는 부동산으로 보는 것이 합리적이라 판단한 것이다(지방세운영과-2607, 2011.6.5.). 그러나 세법이 개정되면 해석이 바뀌었다. 이 해석은 구 「지방세법」(2010.3.31. 법률 제10221호로 전부개정 되기 전의 것) 제107조에 대한 내용이며, 종교단체가 유예기간 내 소속재단에 증여 시 추징대상 여부에 대하여는 새로운 질의회신(안전행정부 지방세운영과-2655, 2013.10.18.)이 나왔으며 「지방세특례제한법」(2011.12.31. 법률 제11138호로 일부개정된 것)에 대한 해석으로 규정 내용에 차이가 있다. 과거 해석은 추징사유에 증여가 규정되지 않은 점 등을 종합적으로 고려하여 회신한 사항인 것이다. 새로운 질의회신(안전행정부 지방세운영과-2655, 2013.10.18.)은 「지방세특례제한법」(2011.12.31. 법률 제11138호로 일부개정된 것) 개정 규정에 대한 해석으로 개정 법률 시행일인 2012.1.1. 이후 최초로 납세의무가 성립되는 분부터 적용된다(지방세운영과-3350, 2013.12.13.). 그것은 종교단체유지재단에 증여한 후, 계속하여 당해 종교단체가 사용하는 경우에는 추징된다는 것이다. 관련법령을 보면 해당 용도로 직접 사용한 기간이 2년 미만인 상태에서 매각·증여하거나 다른 용도로 사용하는 경우에는 '정당한 사유'에 대한 규정이 없다. 따라서 당해 종교단체가 계속하여 종교용도로 사용하는 경우라도 2012.1.1. 이후 취득하여 직접 사용한 기간이 2년 미만인 상태에서 증여한 경우에는 그 사유가 어떠하든지 간에 취득세 감면세액 추징대상에 해당된다(지방세운영과-2655, 2013.10.18.).

나. 개인명의 취득 후 종교단체로 취득한 경우

종교단체가 부동산을 매수하면서 대금의 일부는 현금으로, 대금의 일부는 금융기관에 대한 근저당권부 대출금채무를 승계하는 방법으로 각 지급하기로 합의하고, 소유권이전등기를 하였다. 그러나 금융기관이 채무의 승계에 동의하지 않아 다른 금융기관으로부터 대출을 받아 지급하려 했지만 이마저 여의치 않았다. 이에 따라 종교단체는 매매계약을 합의해제하고 소유권이전등기를 말소하였다. 그리고 종교단체 대표자의 배우자 명의를 빌려 종전 매매계약과 동일한 조건으로 이 부동산을 매수하는 계약을 체결한 후 소유권이전등기를 마치고 근저당권부 대출금채무를 인수하였다. 지방세에 준용되는 실질과세 원칙의 정신에 비추어 보건대, 이 종교단체가 부동산을 교회로 사용하기 위하여 취득하였다가 금융기관에 대한 대출금채무를 인수하지 못하여 대금청산을 하지 못하는 지경에 이르자 소유권취득의 원인이 된 매매계약을 일단해제하고, 지급한 대금을 돌려받지 않은 채 대표자의 배우자로 하여금 원래 매매계약과 동일한 내용의 매매계약을 체결하도록 한 경우, 이와 같은 행위가 비과세혜택을 부여한 취지를 잠탈하는 것으로 보이지 아니하므로, 이 종교단체가 매매계약해제를 통하여 이 부동산에 관한 소유권이전등기를 말소한 행위를 "그 사용일로부터 2년 이상 그 용도에 직접 사용하지 아니하고 매각한 경우"에 해당하는 것으로는 볼 수 없다(서울고법2008누31088, 2009.8.27., 대법원2009두8144, 2009.8.27.).

다. 취득 시부터 제한된 경우

종교단체가 개발제한구역으로 지정 고시되어 있는 토지를 증여를 받아 취득하였다. 취득 후 이 토지 내에서 교육 및 복지시설인 청소년 수련원 신축이 가능한지 여부를 질의하였고, "「개발제한구역의 지정 및 관리에 관한 특별조치법 시행령」 제13조 별표 1 제7호 나목 규정에 의하면 '청소년 수련시설은 국가 또는 지방자치단체가 설치하는 것으로서 「청소년기본법」 제3조 제6호의 규정에 의한 청소년시설 중 청소년 수련관·청소년 수련원 및 청소년 야영장에 한한다.'라고 규정되어 있고, 동법 시행령 제22조 별표 2 제1호 바목 규정에 의하면 '임야는 건축물의 건축 또는 공작물의 설치를 위한 부지에서 가능한 한 제외되어야 한다.'라고 규정되어 있으며, 또한 당해 부지는 임상이 양호한 상태로서 동부지에 대한 건축은 도시주변의 자연환경을 보전하여 도시민의 건전한 생활환경을 확보하여야 하는 개발제한구역의 지정목적에 위배된다고 판단되기에 건축허가는 어려울 것으로 사료됩니다.'라는 회신(도시계획과-○○○)을 받았다. 그러나 이 토지는 증여 취득하기 이전부터 개발제한구역으로 지정 고시되어 있고 건축행위에 대하여 제한을 받고 있었으므로, 이러한 장애요인을 해소시키지 아니하면 이 토지를 유예기간 내에 목적사업에 사용할 수 없다는 사실을 충분히 알 수 있었고, 설령 이러한 사실을 알지 못하였다 하더라도 이 토지를 종교용에 직접 사용하고자 하였다면 정상적인 노력을 다하였어야 함에도 단지 토지 취득일부터 3년이 경과할 무렵에야 건축허가 가능여부에 대하여 문의한 후 불가통보를 받았을 뿐 그 외에 정상적인 노력을 다하였다고 볼 수 없어 유예기간을 넘긴 귀책사유가 종교단체에게 있다고 보아야 할 뿐만 아니라 이에 정당한 사유가 있다고 볼 수도 없다(조심2008지1091, 2009.3.30.).

저자 약력

■ **김 근 수**

- 연세대학교 경영학과 졸업, 관광경영학박사, 종교학박사(수료)
- 공인회계사, 세무사, 미국재무분석사 자격
- 다수의 종교단체 회계자문 및 회계감사
- GS칼텍스, 안진회계법인 등 근무
- 회계사무실 글로벌컨설팅, M&A 및 기업 자문사 글로벌M&A 경영
- 여행사경영산책, M&A실전교과서 등 출판

종교단체 회계와 경영

초 판 인쇄 —— 2016년 8월 15일
초 판 발행 —— 2016년 8월 20일
지은이 —— 김 근 수
펴낸이 —— 전 두 표
펴낸데 —— 도서출판 두남
서울시 강동구 성내로6길 34-16 두남빌딩
신고 : 제25100-1988-9호
TEL : 02) 478-2065~2067, 2311
FAX : 02) 478-2068
E-mail : dunam1@unitel.co.kr
http://www.dunam.co.kr

정가 12,000원

ISBN 978-89-6414-694-1 93320